AF362656

GÉOGRAPHIE

COURS ÉLÉMENTAIRE

N° 137

Tout exemplaire qui ne sera pas revêtu des trois
signatures ci-dessous sera réputé contrefait.

Les Éditeurs :

COLLECTION D'OUVRAGES CLASSIQUES
RÉDIGÉS EN COURS GRADUÉS
CONFORMÉMENT AUX PROGRAMMES OFFICIELS

GÉOGRAPHIE

COURS ÉLÉMENTAIRE

PAR S. * F.

NOUVELLE ÉDITION

Avec 10 cartes et 60 figures reproduisant les détails du texte.

CHEZ LES ÉDITEURS

TOURS
ALFRED MAME ET FILS
Imprimeurs-Libraires

PARIS
CH. POUSSIELGUE
Rue Cassette, 15

Les Ouvrages suivants
se trouvent aux mêmes adresses.

Nouveau Syllabaire, in-16
Syllabaire, in-18.
Premier livre de Lecture, in-18.
Syllabaire et premier livre de Lecture, réunis, in-18.
Vie de Notre-Seigneur Jésus-Christ, in-18.
Devoirs du Chrétien, in-12.
Lectures courantes, in-12.
* Lectures instructives (manuscrit), in-12.
Abrégé de la Grammaire, in-18.
Grammaire française, in-12.
Cours d'Orthographe, 2 volumes in-12.
Le même (maître), 1 vol. in-12.
* Cours d'Analyse, in-12.
* Exercices Orthographiques, 2 vol. in-12.
Petite Histoire Sainte, in-18.
Histoire Sainte illustrée, Cours élémentaire, moyen.
Histoire Sainte et de France, in-18.
Cours d'Histoire, in-12.
Petite Géographie, in-18.
Géographie : Cours élément., moyen, supérieur : 3 vol.
Géographie-Atlas, pour les mêmes cours : 4 vol. in-8°.

Atlas B, C, D, E, in-4°, contenant 30, 50, 100, 150 cartes.
Petite Arithmétique, in-18.
Abrégé d'Arithmétique, in-18.
* Exercices de Calcul, in-18.
* Recueil de Problèmes. in-18.
* Système métrique, in-18.
Traité d'Arithmétique, in-12.
Le même (maître), in-8°.
Réponses aux problèmes du Traité, in-12.
Recueil de Problèmes, in-12.
Le même (maître), in-8°.
Extrait de la Géométrie, in-18.
Abrégé de Géométrie, in-12.
Le même, avec Atlas in-4°.
Réponses aux problèmes de l'Abrégé de Géom., in-12.
Petit Questionnaire, in-18.
Chants pieux (texte), in-18.
Les mêmes, avec musique, in-18.
Éléments d'Arithmétique, d'Algèbre, de Géométrie, de Trigonométrie, d'Arpentage, de Géométrie descriptive, de Cosmographie, 7 vol. in-12.
Exercices (maître) d'Arithmétique, d'Algèbre, de Géométrie, de Trigonométrie, de Géométrie descriptive, 5 vol. in-12.

*Nota : Aux ouvrages marqués * correspond un Livre du Maître.*

COURS ÉLÉMENTAIRE

DE

GÉOGRAPHIE

Ire PARTIE

EXERCICES DE GÉOGRAPHIE LOCALE

NOTA. On mettra successivement sous les yeux des élèves le plan de la classe, de l'école, de la commune, la carte du canton, de l'arrondissement, du département. (Voir *Méthodologie de Géographie*, p. 74.)

Orientation.

1. *Quelle localité habitons-nous*[1]?
Nous habitons...

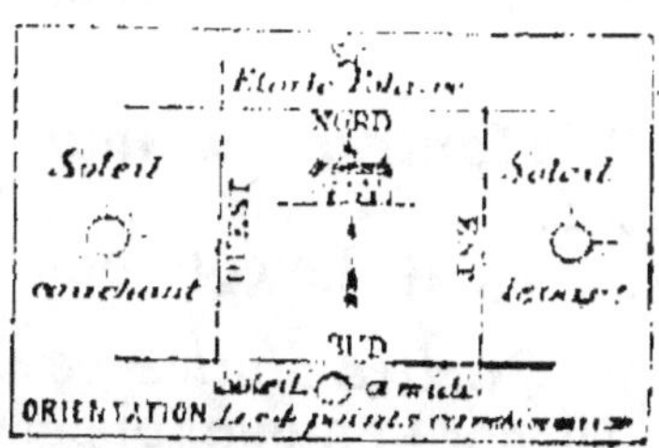

Orientation diurne.

2. *Montrez et dites de quel côté de notre localité le soleil se lève.*

. . . . **2. — Le soleil se lève du côté du *levant*, appelé aussi l'*est*.**

— *Nommez une localité située au levant.*

---

1 Les élèves répondront de vive voix à ces questions. Le maître donnera la réponse préalablement, s'il en est besoin.

2 On montrera le *levant* de la main droite et le *couchant* de la main gauche, en désignant une localité voisine située dans chaque direction. — On pourra s'aider de la *Rose des vents* dressée pour l'orientation des classes.

3. *Qu'est-ce que l'est ou le* **levant?**
C'est le côté où le soleil se lève.

4. *Montrez et dites de quel côté le soleil se couche.*
. . . . — Le soleil se couche du côté de l'*ouest*, appelé aussi *couchant*.

— *Nommez une localité située au couchant.*

5. *Qu'est-ce que l'ouest ou le* **couchant?**
C'est le côté où le soleil se couche.

6. *Montrez et nommez le côté où le soleil se trouve à l'heure de midi.*
. . . . — A l'heure de midi, le soleil se trouve du côté du *sud*, appelé aussi le *midi*.

— *Nommez une localité située au midi.*

7. *Qu'est-ce que le* **midi** *ou le* **sud?**
C'est le côté où le soleil se trouve à l'heure de midi.

8. *Montrez et nommez le côté opposé au midi.*
. . . . . . — Le côté opposé au midi est le *nord*.

9. *Quelles étoiles peut-on observer au nord?*
Au nord on peut observer l'*étoile polaire* et les *étoiles de la Grande Ourse*.

— *Nommez une localité située au nord.*

10. *Qu'est-ce que le* **nord?**
C'est le côté où se trouve l'étoile polaire. Il est opposé au midi.

11. *En résumé, dites quels sont les quatre* **points cardinaux** *de l'horizon.*
Les quatre points cardinaux de l'horizon sont :
— Le LEVANT, appelé encore *est* ou *orient*;
— Le COUCHANT, appelé encore *ouest* ou *occident*;

— Le midi, appelé aussi le *sud* ;
— Le nord, appelé aussi le *septentrion*, à cause des *sept* étoiles de la Grande Ourse.

12. *Quels sont les* **points intermédiaires** *placés entre les points cardinaux?*
Ce sont : le *nord-est*, situé entre le N. et l'E.;
le *sud-est*, situé entre le S. et l'E.;
le *sud-ouest*, situé entre le S. et l'O.;
le *nord-ouest*, situé entre le N. et l'O.

13. *Qu'est-ce que s'orienter?*
S'orienter, c'est reconnaître la direction de l'orient et des autres points cardinaux.

14. *Quels sont les* **moyens** *de s'orienter?*
On s'oriente, pendant le jour, au moyen du *soleil;* pendant la nuit, au moyen de l'*étoile polaire,* et en tout temps, au moyen de la *boussole.*

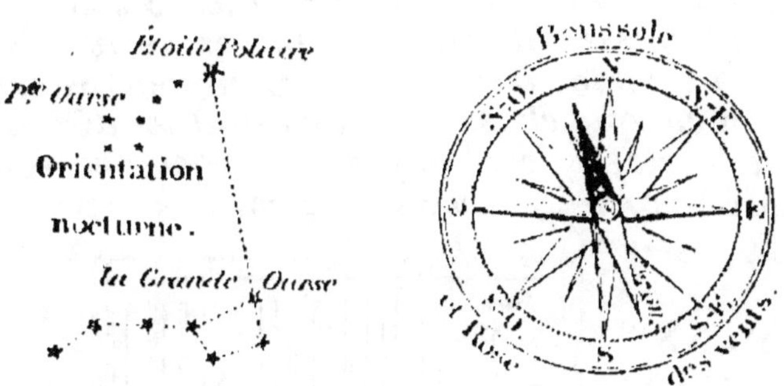

15. *Comment faut-il se placer pour s'orienter?*
Pour s'orienter, il faut se placer de manière à avoir le côté droit tourné vers le lieu du soleil levant : alors on a l'est ou *orient* à droite, l'ouest à gauche, le nord en face, et le sud derrière soi.

On obtient ce résultat, le matin, en tournant le côté droit au soleil; le soir, le côté gauche; à midi, en lui tournant le dos; la nuit, en regardant l'étoile polaire.

16. *Qu'est-ce que la* **boussole?**

La boussole est une aiguille aimantée qui se tourne toujours du côté du nord. La boussole sert surtout à diriger le navigateur sur mer.

17. *Qu'est-ce que la* **rose des vents?**

C'est une figure qui représente les points cardinaux dans leur position relative.

18. *Comment sont indiqués les quatre points cardinaux au sommet de certains édifices?*

Par deux tiges de fer assemblées en forme de croix et portant aux extrémités les lettres N, S, E, O, qui signifient nord, sud, est, ouest.

La classe et l'école.

19. Voici le plan de la classe que nous occupons. *Quel est le côté de la classe tourné au nord, au sud, à l'est, à l'ouest?...*

20. *Quelles sont les choses représentées sur ce plan de la classe? Montrez les bancs, le bureau, le poêle, la porte, les fenêtres. Comment représente-t-on chaque chose? Quelles sont les dimensions de la classe, en longueur, largeur et hauteur? Mesurons-les avec le mètre...*

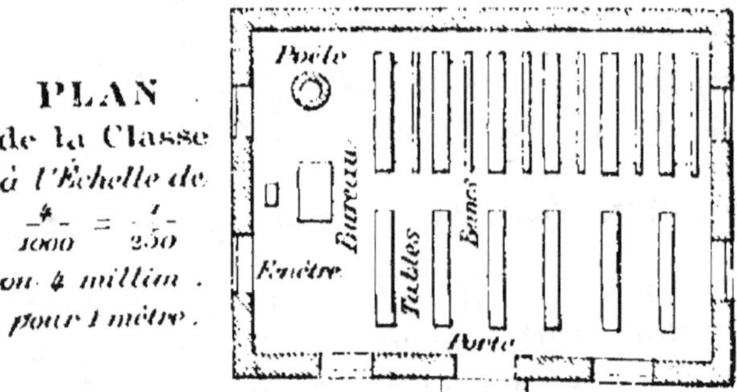

21. Voici le plan de l'école tout entière. *Comment sont orientés la façade et les autres côtés de ce bâtiment?...*

22. Montrez les diverses classes de l'école, les portes, les fenêtres, le logement de l'instituteur. Montrez le préau, la cour, le jardin, le mur de clôture, les rues ou propriétés voisines, etc...

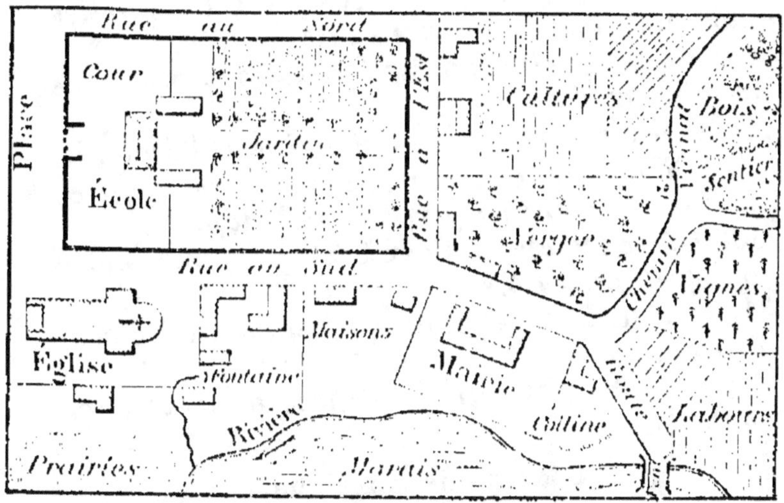

Plan de la commune, — ou les environs d'une école.

La Commune ; son territoire.

23. *Qu'est-ce qu'une commune?*
C'est une petite partie du territoire français administrée par un maire.
Notre commune se nomme. . . . .

24. *Quelles sont les bornes de la commune de. . . . ., c'est-à-dire quelles sont les communes ou les accidents physiques qui limitent le territoire de notre commune?*
Notre commune de. . . . . est bornée :
Au N. par [1]...,
Au S. par...,

---

[1] Le *Questionnaire* ci-après, donné ici comme type, sera modifié par chaque maître selon les circonstances locales, puis dicté aux élèves avec les réponses convenables, brèves mais exactes. (Voir *Méthodologie*, page 81.)

A l'E. par...,

A l'O...,

25. *La commune de. . . . . . forme-t-elle une ville ou un village? Réponse.*

26. *Nommez les* **quartiers** *ou les parties principales de la commune. Rép.*

27. *Dans quelle partie de la commune se trouve notre école? Rép.*

28. *Citez quelques* **rues** *avoisinant l'école. R.*

29. *Dans quelle direction se trouve l'église, et par quel chemin s'y rend-on? Rép.*

30. *Où se trouve la mairie, et par quel chemin y arrive-t-on? Rép.*

31. *Indiquez les* **places** *publiques de la localité. Rép.*

32. *Nommez quelques édifices dans la commune. Rép.*

Géographie physique.

33. *Le* **territoire** *de la commune est-il tout à fait plat? N'est-il pas montueux, accidenté, plus élevé ou plus bas dans certains endroits? R.*

34. *Citez les endroits les plus élevés de la commune. Rép.*

35. *Citez l'endroit le plus bas du territoire. R.*

36. *Y a-t-il dans la commune quelque montagne, colline ou plateau? Rép.*

37. *Y a-t-il dans la commune quelque plaine ou vallée? Rep.*

38. *Citez quelque fleuve, ou rivière, ou ruisseau qui traverse la commune. Rép.*

39. *Citez dans la commune quelque canal, lac, étang, source ou fontaine. Rép.*

40. *Citez quelques autres accidents géographiques remarquables dans la commune ou dans les environs. Rép.*

Industrie et Commerce.

41. *Quels sont les principaux* **produits agricoles** *de la commune ou des environs ? R.*

42. *Quels sont les animaux domestiques ? R.*

43. *Quels sont les principaux produits* **industriels** *de la commune concernant les aliments, la boisson ;*

Le vêtement et le logement ? Rép.

44. *Quels sont les produits des carrières, des mines et des usines qui travaillent les métaux ? R.*

45. *Quels sont les produits relatifs à la littérature, aux sciences et aux arts ? Rép.*

46. *Quelles sont les* **rues** *et les routes qui traversent la commune, et vers quelles localités se dirigent-elles ? Rép.*

47. *Y a-t-il dans la commune quelque canal, ou rivière navigable,*

Ou un chemin de fer ? Rép.

Administration communale.

48. *Quelle est la population de la commune de ? R.*

49. *Quelle est sa superficie en hectares ? Rép.*

50. *Quels sont les administrateurs de la commune ?*

M. le maire,

MM. les adjoints et les conseillers...

51. *Citez quelques autres fonctionnaires dans la commune. Rép.*

52. *Comment et dans quels établissements l'instruction se donne-t-elle, ou quelles sont les écoles de la localité ? Rép.*

53. *Combien la commune compte-t-elle de paroisses ?*

Quels sont les ministres du culte ? Rép.

54. *De quel canton (ecclésiastique) et de quel diocèse notre paroisse fait-elle partie ? Rép.*

Le Canton et l'Arrondissement.

(Pour des élèves plus avancés.)

55. *De quel canton* [1] *notre commune fait-elle partie? Rép.*

56. *Quelles sont les bornes de ce canton? Rép.*

57. *Nommez quelques communes de ce canton. Rép.*

58. *De quel arrondissement notre canton de... fait-il partie? Rép.*

59. *Quelles sont les bornes de cet arrondissement? Rép.*

60. *Quels sont les cantons de cet arrondissement? Rép.*

61. *Comment appelle-t-on l'administrateur de l'arrondissement?*

On l'appelle M. le sous-préfet.

62. *Comment appelle-t-on la ville où réside le sous-préfet?*

C'est la sous-préfecture.

Le Département.

63. *De quel département notre arrondissement fait-il partie? Rép.*

64. *Quelles sont les bornes de ce département? Rép.*

65. *Quels sont les autres arrondissements du département? Rép.*

66. *Comment appelle-t-on l'administrateur d'un département?*

On l'appelle M. le Préfet.

67. *Comment appelle-t-on la ville où réside le préfet?*

La préfecture ou le chef-lieu du département.

68. *Quelle est la population du département de...? Rép.*

69. *Combien de communes compte-t-on dans le département? Rép.*

70. *Quelles sont les villes principales du département? Rép.*

71. *Combien y a-t-il de départements dans toute la France?*

La France compte 86 départements.

72. *Quelle est la capitale de la France?*

La capitale de la France est Paris.

---

1 Quelques communes font exception à l'organisation générale et sont elles-mêmes subdivisées en cantons (les grandes villes) et même en arrondissements (Paris, Lyon).

Voir page 44.

IIe PARTIE

NOMENCLATURE GÉOGRAPHIQUE

Définitions générales.

1. *Qu'est-ce que la* **Géographie ?**
La Géographie est la description de la surface de la Terre.

2. *Comment se divise la géographie en général?*
La géographie se divise en *géographie physique* et *géographie politique*.

3. *Qu'est-ce que la* **géographie physique?**
La géographie physique est la description du sol et des accidents naturels.

4. *Qu'est-ce que la* **géographie politique ?**
La géographie politique est la description des peuples et des États du globe.

5. *La surface de la Terre est-elle uniforme?*
La surface de la Terre n'est pas uniforme : elle présente un grand nombre d'*accidents géographiques*, tels que l'Océan, les mers, les continents, les montagnes, les fleuves [1].

---

[1] Les accidents géographiques peuvent se classer en quatre sections : 1o *parties de mer :* mers, golfes, détroits ; 2o *parties de terre :* continents, îles, caps ; 3o parties formant le *relief du sol :* montagnes, plateaux, plaines ; 4o *eaux continentales :* bassins, fleuves, rivières, lacs, etc.

§ 1. Parties de mer[1].

6. *Qu'est-ce que l'Océan ?*

L'*Océan* est l'ensemble des eaux salées qui environnent les terres.

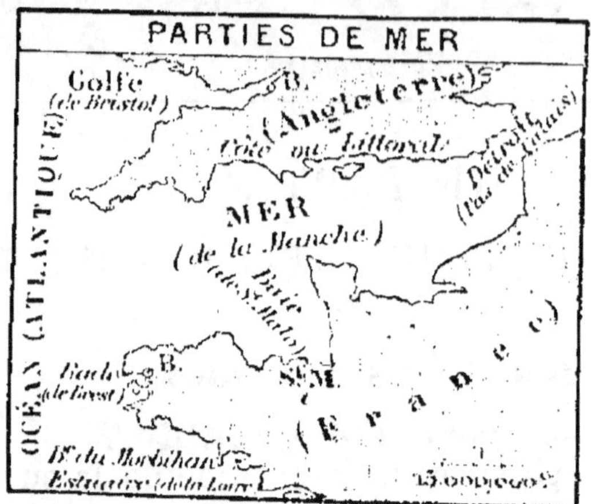

Océan, mer, golfe, baie, détroit. (*Carte.*)

7. *Qu'est-ce qu'une* mer[1]*? et citez-en deux exemples.*

Une *mer* est une partie de l'Océan.

Ex. : la mer Méditerranée, située au sud de l'Europe ; — la Manche, entre la France et l'Angleterre.

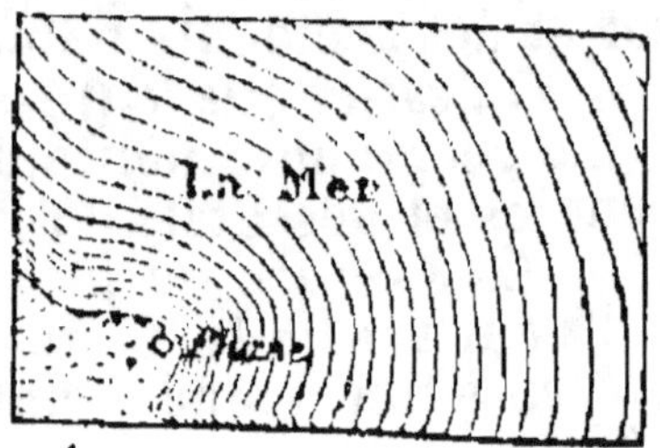

(*Vue.*)   Océan, mer, phare.   (*Carte.*)

8. *Qu'est-ce qu'un* golfe *?*

Un *golfe* est une partie de mer s'avançant dans les terres.

---

[1] Règle générale, on citera chaque fois un exemple, comme application de la définition qui vient d'être donnée.

Ex. : le golfe de Gascogne, situé entre la France et l'Espagne ; — le golfe de Bristol, en Angleterre.

9. *Qu'est-ce qu'une* baie ?
Une *baie* est un petit golfe.
Ex. : la baie de Saint-Malo, au N.-O. de la France.

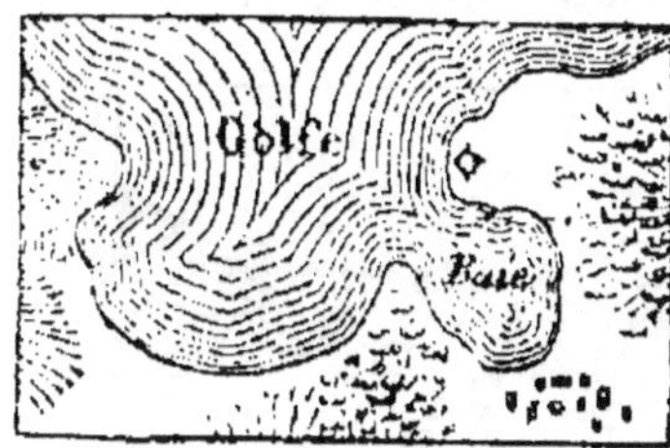

(*Vue.*)   Mer, golfe, baie.   (*Carte.*)

10. *Qu'est-ce qu'une* rade ?
Une *rade* est une partie de mer plus ou moins abritée des vents, où les vaisseaux peuvent tenir à l'ancre.

Ex. : les rades de Brest, de Toulon, etc.

(*Vue.*)   Rade, port, bassin.   (*Carte.*)

11. *Qu'est-ce qu'un* port ?
Un *port* est un endroit du rivage de la mer ou d'un fleuve propre à recevoir les vaisseaux.

Ex. : les ports de Marseille, du Havre, de Rouen.

12. *Qu'est-ce qu'un* détroit ?
Un *détroit* est un bras de mer resserré entre deux terres et qui unit deux mers ou deux parties de mer.

Ex. : le détroit de Gibraltar et le détroit de Bonifacio.

13. *Quels autres noms applique-t-on parfois à un détroit ?*

Un détroit s'appelle dans certains pays parfois *canal, manche, pas*.

Ex. : le canal Saint-Georges, la Manche ou canal d'Angleterre, le Pas de Calais, le Bosphore ou canal de Constantinople.

(*Vue.*)

Détroit, cap.

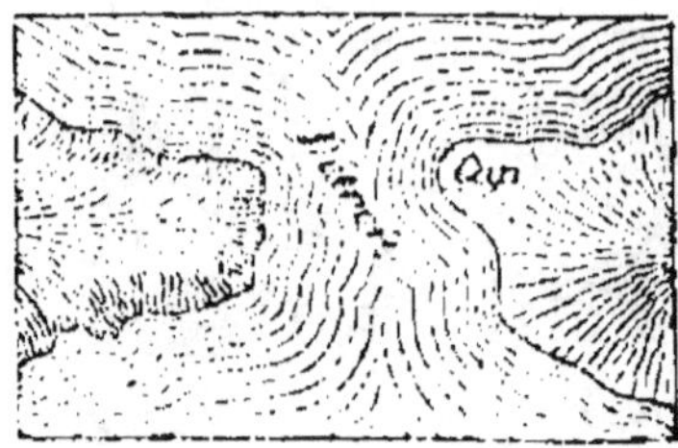

(*Carte.*)

Supplément.

DÉTAILS SUR L'OCÉAN

1. *L'Océan a-t-il une grande étendue ?*

L'Océan est presque trois fois plus étendu que les terres réunies.

2. *Comment peut-on regarder l'Océan ?*

L'Océan est le réservoir de toutes les eaux que lui apportent les fleuves, et il est l'origine des nuages et des eaux de pluie.

3. *Pourquoi l'Océan ne déborde-t-il pas en recevant tant de grands fleuves ?*

Parce qu'il perd continuellement une quantité équivalente d'eau qui s'élève en vapeurs et forme les nuages.

4. *Comment se forment les nuages ?*

Le soleil échauffant les eaux de la mer en transforme une partie en vapeurs. Ces vapeurs, transportées par les vents, deviennent des nuages qui bientôt tombent en pluie ou en neige sur les continents.

5. *A quoi servent les eaux pluviales ?*

Les eaux pluviales arrosent et fertilisent les terres, elles entretiennent la vie des plantes dont les animaux et les hommes se nourrissent.

6. *Comment les eaux de pluie retournent-elles à l'Océan ?*

Elles y retournent en formant successivement des ruisseaux, des rivières et des fleuves.

§ 11. Parties de terre.

14. *Qu'est-ce qu'un* continent ?

Un *continent* est une grande étendue de terre non interrompue par la mer.

Ex. : l'Amérique.

Continent, île, presqu'île, isthme, cap. (*Carte.*)

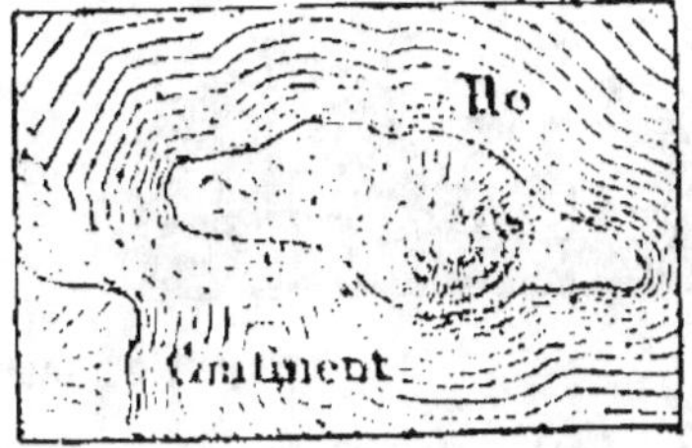

(*Vue.*)   Continent, île.   (*Carte.*)

---

7. *Pourquoi les eaux de la mer sont-elles sans cesse agitées ?*

L'agitation des eaux de la mer les empêche de se corrompre. Elle y introduit l'air dont les poissons ont besoin.

8. *Quelles sont les principales utilités de l'Océan ?*

L'Océan fournit à l'homme une grande quantité de poissons, ainsi que le sel marin, ou sel de cuisine. Il facilite les communications entre les continents par le moyen de la navigation à voiles ou à vapeur. Enfin il donne lieu à la formation des pluies.

15. *Qu'est-ce qu'une* île ?

Une *île* est une terre plus petite qu'un continent, entourée d'eau de tous côtés.

Ex. : la Corse et l'île de Crète, dans la Méditerranée.

(Vue.)

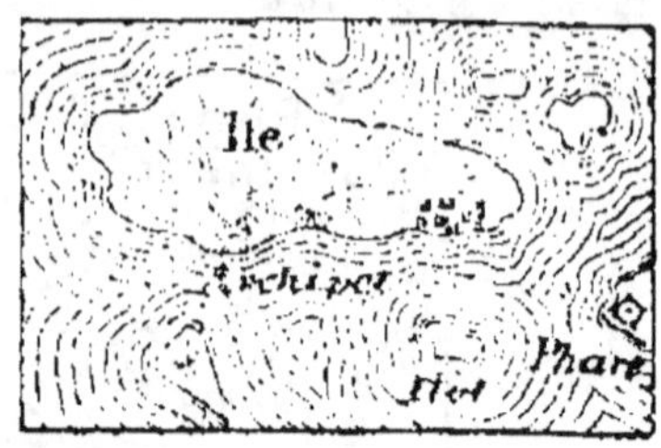

(Carte.)

Archipel, île.

16. *Qu'est-ce qu'un* archipel ?

Un *archipel* est une réunion d'îles plus ou moins nombreuses.

Ex. : l'archipel Grec, formé des îles de la Grèce

(Vue.)

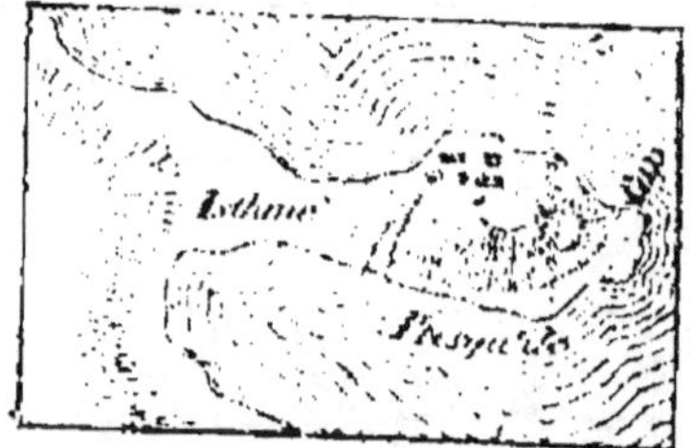

(Carte.)

Presqu'île, isthme, cap.

17. *Qu'est-ce qu'une* presqu'île ?

Une *presqu'île*, ou *péninsule*, est une terre entourée d'eau, excepté d'un seul côté.

Ex. : la Crimée, située en Russie, dans la mer Noire ; — la Morée, en Grèce.

18. *Qu'est-ce qu'un* isthme ?

Un *isthme* est un terrain étroit réunissant deux terres de dimensions plus considérables.

Ex. : l'isthme de Pérécop, qui joint la Crimée à la Russie ; — l'isthme de Corinthe, en Grèce.

19. *Qu'est-ce qu'un* **cap ?**
Un *cap* est un avancement de la côte dans la mer.
Ex. : le cap Saint-Mathieu, situé à l'ouest de la Bretagne; — le cap Matapan, au sud de la Morée.

20. *Qu'appelle-t-on* **côte ?**
La *côte* est le rivage ou le bord de la mer.

§ III. Relief du sol.

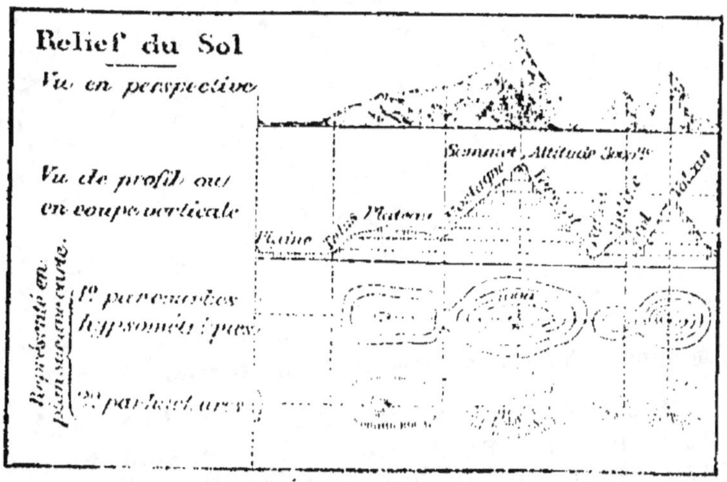

Montagne, colline, volcan, plateau, plaine.

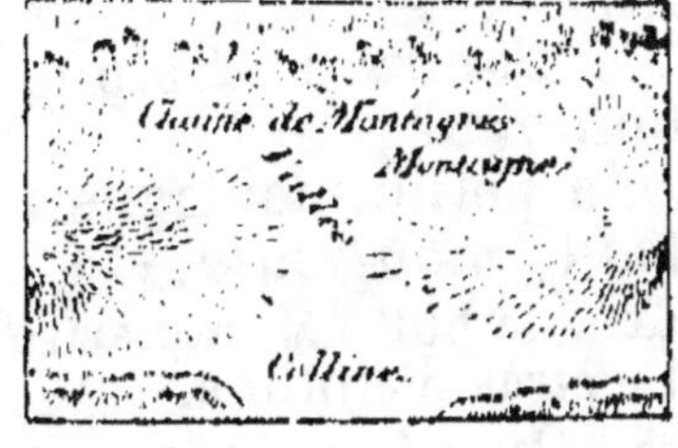

(Vue.)   Montagnes, collines.   (Carte.)

21. *Qu'est-ce qu'une* **montagne ?**
Une *montagne* est une élévation considérable du sol au-dessus des parties environnantes.
Ex. : le mont Blanc, situé en Savoie.

22. *Qu'entend-on par* **altitude ?**

L'*altitude* d'une montagne, ou d'un point quelconque du sol, est sa hauteur au-dessus du niveau de la mer.

Ex. : l'altitude du mont Blanc est de 4.810 mètres.

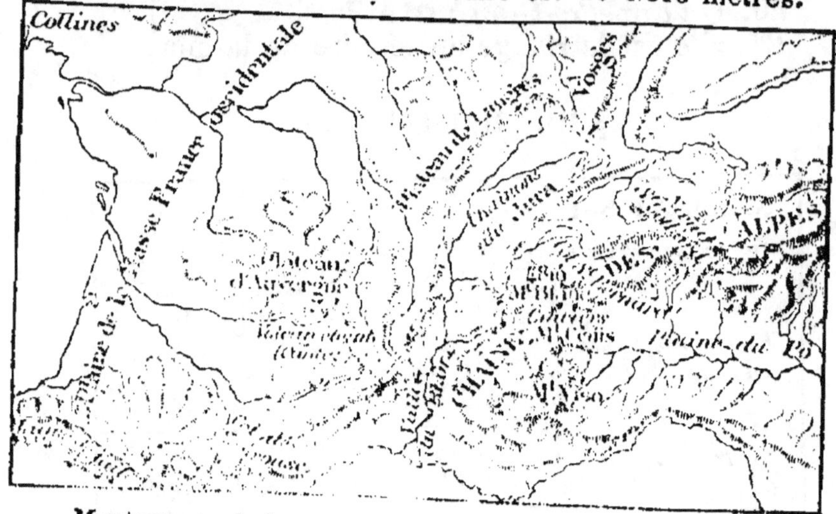

Montagnes, chaînes et systèmes de montagnes.　　(*Carte.*)

23. *Qu'est-ce qu'une* **chaîne de montagnes ?**

Une *chaîne de montagnes* est un ensemble de montagnes qui se touchent par la base.

Ex. : les Alpes, à l'est de la France, et les Pyrénées, au sud.

24. *Comment désigne-t-on parfois une petite montagne ?*

Une petite montagne s'appelle *colline, butte, coteau, monticule,* etc.

Ex. : la butte Montmartre, située dans Paris ; elle a 130 mètres d'altitude.

25. *Qu'est-ce qu'un* **volcan ?**

Un *volcan* est généralement une montagne qui vomit par un *cratère* des tourbillons de flammes et de fumée, des laves et autres matières embrasées.

Ex. : le Vésuve, situé en Italie.

26. *Qu'est-ce qu'une* **plaine ?**

Une *plaine* est un terrain plat ou sensiblement de même niveau, qui a généralement moins de 300 mètres d'altitude.

Ex. : les plaines de la Flandre et de la Champagne.

(*Vue.*)   Plaine, plateau, vallée, volcan.   (*Carte.*)

27. *Qu'est-ce qu'un* **plateau ?**

Un *plateau* est une plaine élevée, plus ou moins accidentée.

Ex. : le plateau de Langres, qui a 400 mètres d'altitude, et le plateau d'Auvergne, qui en a plus de 600.

28. *Qu'est-ce qu'une* **vallée ?**

Une *vallée* est une dépression du sol parcourue par un cours d'eau.

Ex. : la vallée du Rhône, depuis Lyon jusqu'à la Méditerranée.

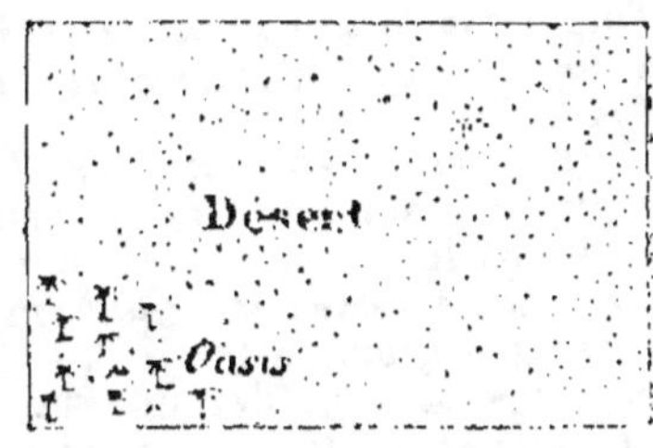

(*Vue.*)   Désert, oasis.   (*Carte.*)

28 bis. *Qu'appelle-t-on* **désert** *et* **oasis ?**

Un *désert* est une vaste contrée inhabitée, souvent privée d'eau et brûlée par le soleil.

Ex. : le Sahara, en Afrique.

Une *oasis* est une partie fertilisée par des sources.

Supplément.

DÉTAILS SUR LES MONTAGNES

1. *Comment appelle-t-on la partie la plus élevée d'une montagne ?*

C'est la *cime*, le *sommet* ou la *crête* de la montagne.

2. *Comment appelle-t-on la partie inférieure d'une montagne ?*

C'est la *base* ou le *pied* de la montagne.

3. *Comment appelle-t-on les côtés de la montagne ?*

Ce sont les *flancs* ou les *versants* de la montagne.

4. *Comment les diverses montagnes d'une même chaîne sont-elles séparées ?*

Les diverses montagnes d'une même chaîne sont séparées par des *vallées*, des *vallons* ou des *ravins*, des *gorges* ou des *défilés*, qui sont plus ou moins étroits et profonds.

5. *Comment les sommets d'une même montagne sont-ils séparés ?*

Les sommets d'une même montagne sont séparés par des *cols*, qui sont les parties les moins élevées de la crête.

6. *A quoi servent les cols dans les montagnes ?*

C'est par les *cols* que l'on franchit les montagnes, en y traçant des sentiers ou des routes ; comme, par exemple, le col du Mont-Cenis, qui traverse les Alpes.

7. *De quoi sont recouvertes les montagnes ?*

Les montagnes sont souvent recouvertes de pâturages, de forêts, de rochers, et même de glaciers quand elles sont très élevées.

8. *Comment utilise-t-on les pâturages des montagnes ?*

En y conduisant les troupeaux en été.

9. *Que nous fournissent les forêts ?*

Les forêts nous donnent les bois de construction et de chauffage.

10. *Qu'appelle-t-on glaciers ?*

Les glaciers sont de grands amas de glace ou neige durcie qui couvrent les plus hautes montagnes.

11. *A quoi servent les glaciers ?*

En été, les glaciers fondent en partie et alimentent abondamment les sources des fleuves.

12. *Quelle est l'utilité générale des montagnes et du relief du sol ?*

Les montagnes, par leur climat relativement froid, arrêtent les nuages et les font tomber en pluies qui fertilisent les terres. Le relief du sol, les inégalités du terrain donnent les pentes nécessaires pour que les eaux redescendent ensuite vers la mer.

§ IV. Eaux continentales.

29. *Qu'entend-on par* **bassin ?**

Le *bassin d'une mer* ou *d'un fleuve* est l'ensemble des terres dont les eaux se rendent dans cette mer ou dans ce fleuve.

Ex. : le bassin de la Manche; — le bassin de la Seine.

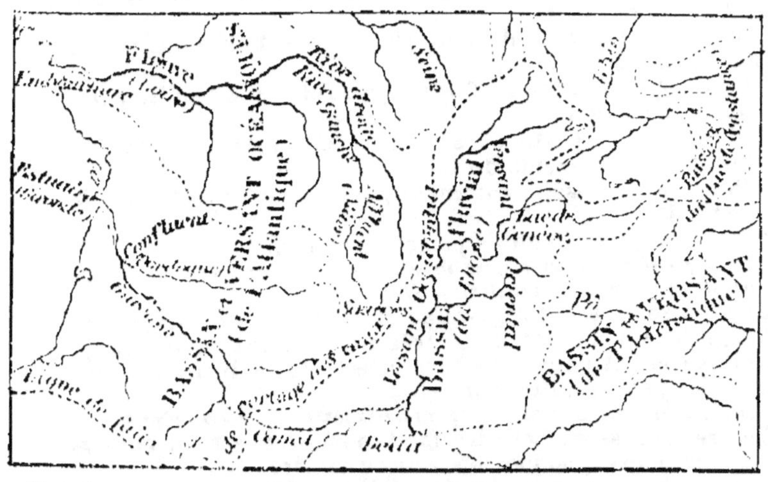

Bassins, versants, ligne de partage, cours d'eau. (*Carte.*)

30. *Qu'entend-on par* **versant ?**

Un *versant* est une partie de bassin.

Ex. : le versant français de la Manche; — le versant de la rive droite de la Seine.

31. *Qu'entend-on par* **ligne de partage des eaux ?**

Une *ligne de partage des eaux* est la ligne de séparation de deux bassins.

Ex. : les monts Cévennes forment la ligne de partage des bassins du Rhône et de la Garonne.

EXPLICATION DES BASSINS PAR UNE COMPARAISON

1. *Lorsqu'il pleut sur un toit, comment s'écoulent les eaux ?*
Les eaux de pluie descendent dans les chéneaux qui sont au bas du toit.

32. *Qu'est-ce qu'un* **fleuve** ?

Un *fleuve* est un cours d'eau considérable qui se rend dans la mer.

Ex. : la Seine, — la Loire.

---

2. *Pourquoi cela ?*

Parce que l'eau tend toujours à descendre vers le point le plus bas.

3. *Comment appelle-t-on la partie la plus élevée d'un toit ?*

C'est le faîte ou le faîtage du toit.

4. *Comment s'appelle la partie du toit comprise entre le faîte et un chéneau ?*

C'est un des versants du toit. Un toit a ordinairement deux versants séparés par le faîtage.

5. *Quel effet la ligne de faîtage produit-elle sur les eaux qui tombent du ciel ?*

La ligne de faîte partage les eaux en deux parties, dont chacune suit un des versants du toit.

6. *Pour cette raison, comment peut-on encore appeler la ligne de faîte ?*

On peut l'appeler ligne de partage des eaux.

7. *Lorsqu'il pleut sur une montagne ou dans les champs, comment les eaux s'écoulent-elles ?*

Les eaux se séparent d'abord au sommet de la montagne, ou sur la ligne des points les plus élevés du sol (*ligne de partage*); puis elles coulent dans plusieurs directions, suivant les versants ou les pentes du terrain.

8. *Où les eaux courantes se réunissent-elles ensuite ?*

Elles se réunissent dans les fonds ou les vallées, et elles se jettent enfin dans quelque ruisseau ou rivière.

9. *Où se rendent les eaux des ruisseaux ?*

Elles se rendent dans les rivières.

10. *Où se rendent les eaux des rivières ?*

Elles se rendent ordinairement dans les fleuves.

11. *Et les fleuves, où aboutissent-ils ?*

Ils se déversent dans la mer ou l'Océan.

12. *Que forment les terres dont les eaux se rendent dans une rivière ou dans un fleuve ?*

Elles forment le bassin de cette rivière ou de ce fleuve.

13. *Comment peut-on diviser le bassin d'une rivière ou d'un fleuve ?*

On peut le diviser en deux *versants*, l'un de droite, l'autre de gauche.

14. *Comment peut-on diviser le bassin d'une mer ?*

Un bassin maritime peut se diviser en autant de *bassins fluviaux* qu'il contient de fleuves, ou autant de *versants* qu'il y a de pays environnant la mer.

15. *Citez-en quelques exemples.*

Le bassin de la Manche comprend un versant français et un versant anglais; il renferme les bassins de la Seine, de la Somme, etc.

33. *Qu'est-ce qu'une* **rivière?**

Une *rivière* est un cours d'eau moins considérable qu'un fleuve.

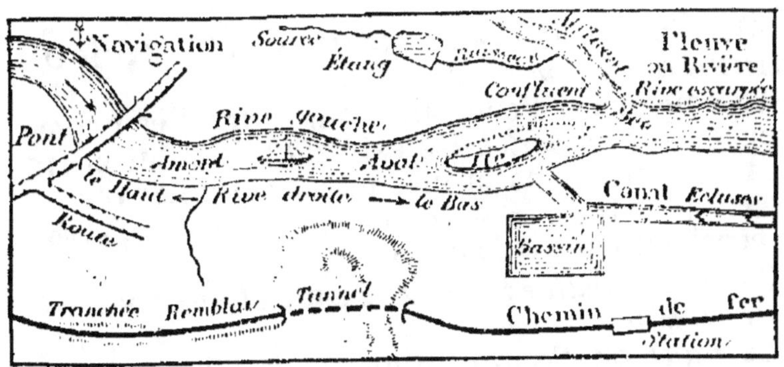

Fleuve, rivière, ruisseau, affluent, confluent, source, rives, canal, écluse. — Route et chemin de fer.   (*Cartes*)

33 *bis.* *Qu'est-ce qu'un* **ruisseau?**

Un *ruisseau* est un cours d'eau moins considérable qu'une rivière.

(*Vue.*)   Fleuve, rivière, cascade.   (*Carte.*)

34. *Qu'est-ce qu'un* **torrent?**

Un *torrent* est un cours d'eau rapide et momentané, produit dans les pays montagneux, par une pluie abondante ou par la fonte des neiges.

35. *Qu'appelle-t-on* **affluent?**

Un *affluent* est un cours d'eau qui se jette dans un autre.

Ex. : la Saône est un affluent du Rhône.

36. *Qu'appelle-t-on* **confluent ?**

Un *confluent* est l'endroit où deux cours d'eau se réunissent.

Ex. : Lyon est situé au confluent de la Saône et du Rhône.

37. *Qu'appelle-t-on* **source** *et* **embouchure** *d'un cours d'eau ?*

La *source* est l'endroit où un cours d'eau commence ; — l'*embouchure* est l'endroit où un cours d'eau se jette dans la mer ou dans un fleuve.

Ex. : la Seine a sa source dans la Côte d'Or, et son embouchure dans la Manche.

38. *Qu'appelle-t-on le* **haut** *et le* **bas** *d'un cours d'eau ?*

Le *haut* ou l'*amont* d'un cours d'eau, en un point quelconque, est la partie située vers sa source ou à l'opposé du courant ; — le *bas* ou l'*aval* d'un cours d'eau est la partie située vers l'embouchure ou dans le sens du courant.

39. *Qu'entend-on par* **rive droite** *et* **rive gauche ?**

La *rive droite* et la *rive gauche* d'un cours d'eau sont les terrains situés à la droite ou à la gauche d'une personne qui se trouverait en bateau, le visage tourné dans le sens du courant.

40. *Qu'est-ce que le* **lit** *d'un cours d'eau ?*

Le *lit* d'un cours d'eau est le creux du sol dans lequel il coule, et où il est maintenu par les deux rives.

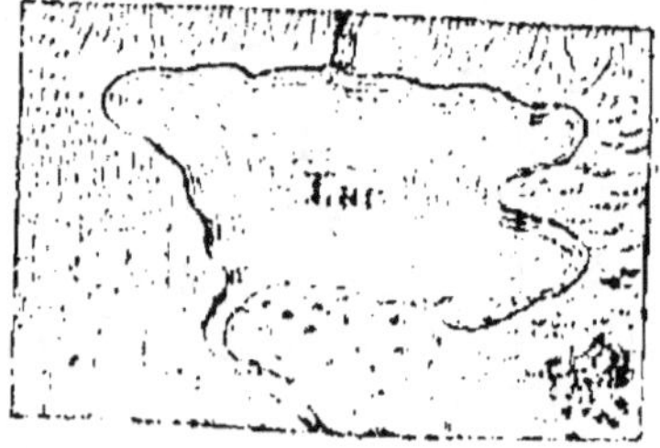

(*Vue.*)   Lac, champs et marais.   (*Carte.*)

41. *Qu'est-ce qu'un* lac ?

Un *lac* est une étendue d'eau renfermée dans les terres.

Ex. : le lac de Genève.

Un *étang* est un petit lac.

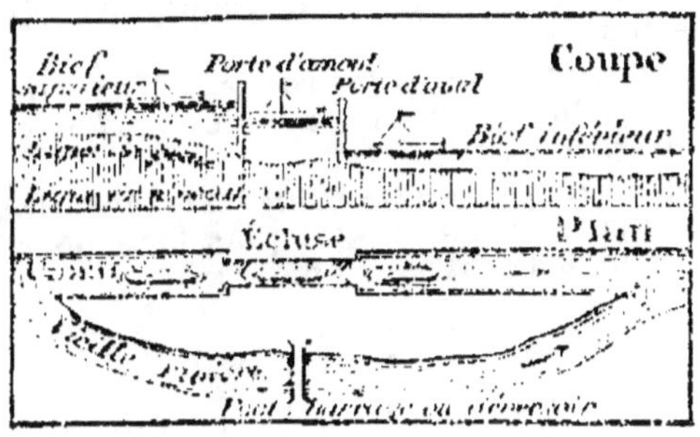

Canal et écluses.

42. *Qu'est-ce qu'un* canal ?

Un canal est une rivière artificielle faite par les hommes pour les besoins de la navigation.

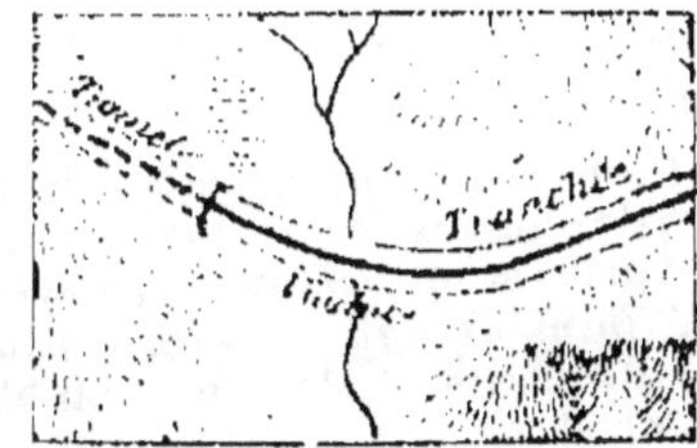

(*Vue.*)   Tunnel, viaduc.   (*Carte.*)

— Un *tunnel* est une ouverture pratiquée dans une montagne pour le passage d'un chemin de fer ou d'une route.

— Un *viaduc* est un pont en arcades sur lequel passe un chemin de fer.

REPRÉSENTATION SUR LES CARTES

1. *Qu'est-ce qu'une carte géographique ?*

Une carte est une image ou un plan qui représente la Terre ou l'une de ses parties.

2. Comment représente-t-on les montagnes sur une carte?
Par des hachures ou des traits marquant les pentes générales ou les crêtes du terrain.

3. Comment représente-t-on les côtes de la mer ou les bords des terres?
Par une ligne continue et sinueuse, souvent accompagnée de petits traits horizontaux qui figurent l'eau.

4. Comment représente-t-on les rivières?
Par une ligne sinueuse, simple ou double, plus forte à l'embouchure qu'à la source.

5. Comment représente-t-on les canaux?
Par une ligne brisée, simple ou double, parfois bordée de points ou accompagnée d'une ancre.

6. Comment sont représentés les routes et les chemins de fer?
Par une ligne plus ou moins droite, plus forte pour les chemins de fer que pour les routes ordinaires.

Signes administratifs.

Signe	Désignation
	Bornes ou limites d'États.
	Limites de subdivisions.
	Grandes villes.
	Petites villes ou villages.
	Ville fortifiée, Fort.
	Port, Navigation.
	Phare, Fanal.
	Capitale et Chefs lieux.
	Archevêché, Évêché.
	Justice, Tribunaux.
	Académies, Écoles.
	Divisions militaires.
	Bataille gagnée ou perdue.
	Postes.

7. Comment sont représentées les limites politiques?
Par des lignes formées de points qui figurent les *bornes de pierre* placées sur les limites; souvent aussi par de petits traits.

8. Comment figure-t-on les positions des villes?
Par de petits ronds, noirs ou blancs, parfois par des carrés de diverses formes et grandeurs.

9. Comment peut-on indiquer les villes fortes? — Par des ronds entourés de pointes.

10. — Les évêchés et les archevêchés? — Par une croix simple ou double.

11. — Les sièges des tribunaux? — Par une balance.

12. — Les chefs-lieux d'académie? — Par une palme.

13. — Les divisions militaires? — Par de petits drapeaux.

14. — Les lieux de bataille? — Par deux épées croisées.

15. — Les bureaux de poste? — Par un cor de chasse.

16. — Les ports et les rivières navigables? — Par une ancre.

17. — Les phares? — Par une tour surmontée d'une lumière.

IIIᵉ PARTIE
GÉOGRAPHIE NATIONALE

LA FRANCE

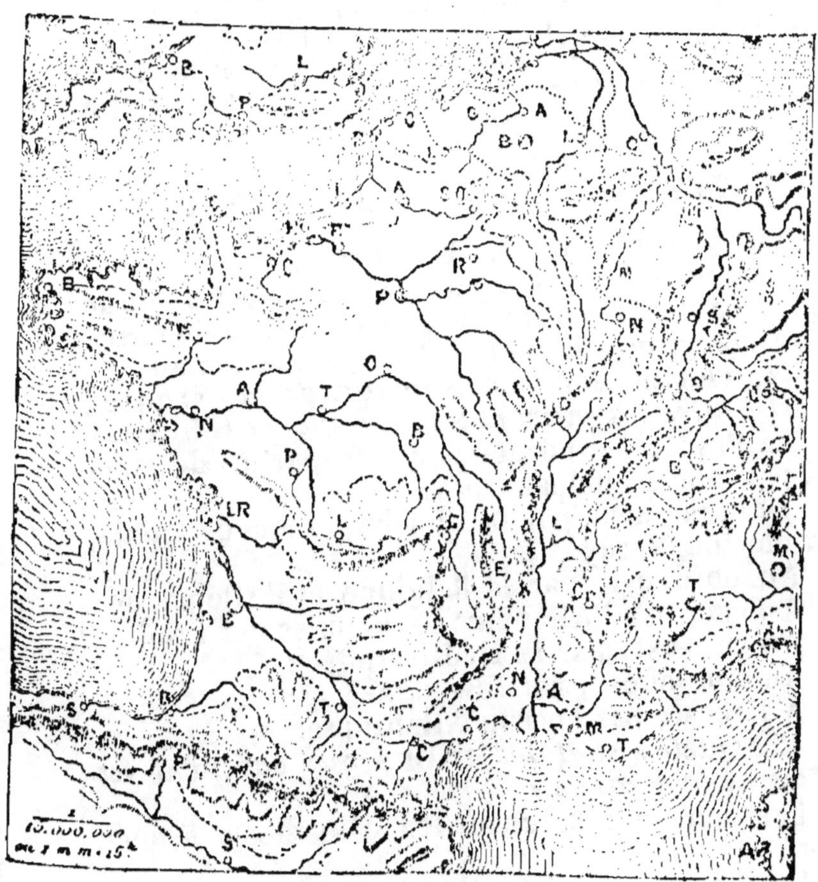

CARTE MUETTE DE FRANCE

La carte ci-dessus est une carte dite *muette*, parce qu'elle
ne donne aucun nom des choses qu'elle représente. Nous la

plaçons ici, afin que les élèves s'habituent à reconnaître la carte de la France, comme de tout autre pays, *par ses caractères propres*, c'est-à-dire par le contour de ses frontières de terre ou de mer, par la forme de ses rivières et de ses chaînes de montagnes, etc. L'ensemble de ces caractères donne à chaque pays une *figure* qui le distingue de tout autre, comme les traits du visage distinguent les hommes entre eux. — En outre, l'élève doit apprendre à reproduire ces figures par les exercices cartographiques.

Sur la carte de France ci-dessus, les mers se reconnaissent par le *filé* des eaux qui simulent des vagues, les montagnes par des hachures, les plateaux par un grisé-pointillé, les plaines restant en blanc. Quant aux villes, les initiales indiquent : en Angleterre, Douvres, Londres, Portsmouth et Bristol; en Espagne, Santander, Pampelune et Saragosse, et les autres s'apprendront en recourant aux cartes *écrites* ou *coloriées* placées ci-après.

SECTION I. — GÉOGRAPHIE PHYSIQUE

43. *Qu'est-ce que la* **France ?**

La France est notre patrie : c'est la contrée que nous habitons et qui nous a vus naître. Elle forme l'un des grands États de l'Europe occidentale.

44. *Quelles sont les* **bornes** *de la France, c'est-à-dire les mers et les pays qui la limitent?*

La France est bornée par cinq parties de mers et par cinq principaux pays :

Au nord-ouest, par la Manche, le Pas de Calais, la mer du Nord;

Au nord-est, par la Belgique et l'Allemagne;

A l'est, par l'Allemagne, la Suisse et l'Italie;

Au sud-est, par la Méditerranée;

Au sud-ouest, par l'Espagne;

A l'ouest, par l'océan Atlantique.

45. *Quelles sont les* **mers** *qui baignent les côtes de la France?*

Les mers qui baignent les côtes de la France sont :

La *mer du Nord*, qui ne touche que les côtes des départements du Nord et du Pas-de-Calais;

La *Manche*, qui baigne la France au nord-ouest;

L'*Atlantique*, ou la mer de France, qui la baigne à l'ouest;

La *Méditerranée*, qui la baigne au sud-est.

46. *Quels sont les* **golfes** *de la France?*

Dans la Manche : les golfes de *Normandie* et de *Saint-Malo*;

Dans l'Atlantique : le *golfe de Gascogne*;

Dans la Méditerranée : le *golfe du Lion*.

47. *Quels sont les* **détroits** *de la France?*

Le *Pas de Calais*, entre la France et l'Angleterre ;

Le *détroit de Bonifacio*, entre la Corse et la Sardaigne.

48. *Quelles sont les principales* **îles** *de la France?*

Dans l'Atlantique : l'île d'*Ouessant*, *Belle-Ile*, l'île de *Noirmoutier*, l'île d'*Yeu*, les îles de *Ré* et d'*Oleron*;

Dans la Méditerranée, la grande île de *Corse*, qui forme un département.

49. *Quelles sont les* **presqu'îles** *de la France?*

Le *Cotentin*, ou la presqu'île normande, qui forme en partie le département de la Manche;

La *Bretagne*, à l'ouest de la France.

50. *Quels sont les* **caps** *de la France?*

Le cap *Gris-Nez*, entre Calais et Boulogne ;

Le cap de la *Hague*, au nord-ouest du Cotentin;

Le cap *Saint-Mathieu*, à l'ouest du Finistère.

51. *Citez les principales* **montagnes** *de la France.*

Les *Pyrénées*, séparant la France de l'Espagne;

Les *Alpes*, séparant la France de l'Italie;

Le *Jura*, séparant la France de la Suisse;

Les *Vosges*, séparant la France de l'Allemagne;

Les *Cévennes* et les *monts d'Auvergne* sont

situés dans l'intérieur et forment le *Plateau central* de la France.

52. *Quels sont les* **versants maritimes de** *la France?*

Le territoire français se divise en quatre versants maritimes, faisant partie des bassins des quatre mers qui le baignent. Ce sont :

Au N., le *versant de la mer du Nord*;

Au N.-O., le *versant de la Manche*;

A l'O., le *versant de l'Atlantique*;

Au S.-E., le *versant de la Méditerranée*.

53. *Quels sont les* **fleuves** *de la France ?*

La *Meuse* et l'*Escaut*, appartenant au versant de la mer du Nord;

La *Seine*, dans le versant de la Manche;

La *Loire* et la *Garonne*, dans le versant de l'Atlantique;

Le *Rhône*, dans le versant de la mer Méditerranée.

54. *Citez quelques* **rivières maritimes.**

La *Somme* et l'*Orne*, qui s'écoulent dans la Manche ;

La *Vilaine*, la *Sèvre-Niortaise*, la *Charente* et l'*Adour*, qui se jettent dans l'Atlantique ;

L'*Aude*, l'*Hérault* et le *Var*, qui se jettent dans la Méditerranée.

55. *Décrivez le cours du* **Rhin.**

Le Rhin prend sa source au massif du Saint-Gothard, dans les Alpes suisses. Il passe à Bâle et près de Strasbourg, baigne Mayence, Coblentz et Cologne, et va se jeter dans la mer du Nord dans les Pays-Bas.

Le Rhin n'arrose plus le territoire français depuis la perte de l'Alsace; mais il reçoit à gauche, la *Moselle*, grossie de la *Meurthe*, traversant nos départements des Vosges et de Meurthe-et-Moselle.

56. *Décrivez le cours de la* **Meuse.**

La Meuse prend sa source au plateau de Langres. Elle traverse *4 départements :* Haute-Marne, Vosges, Meuse et Ardennes.

La Meuse arrose en France Verdun, Sedan et Mézières ; — en Belgique, elle baigne Namur et Liège ; — en Hollande, elle se jette dans la mer du Nord.

57. *Décrivez le cours de l'Escaut.*

L'Escaut prend sa source au plateau de Saint-Quentin. Il traverse 2 *départements :* Aisne et Nord.

L'Escaut arrose, en France, Cambrai ; en Belgique, Gand et Anvers, et il se jette, en Hollande, dans la mer du Nord.

58. *Décrivez le cours de la* **Seine.**

La Seine prend sa source près du mont Tasselot. Elle arrose 9 *départements :* Côte-d'Or, Aube, Marne, Seine-et-Marne, Seine-et-Oise, Seine (Seine-et-Oise), Eure, Seine-Inférieure, Calvados, et se jette dans la Manche.

La Seine baigne Troyes, Melun, Paris, Rouen et le Havre.

AFFLUENTS. — La Seine reçoit : à DROITE, l'*Aube,* la *Marne* et l'*Oise,* grossie de l'*Aisne ;* — à GAUCHE, l'*Yonne* et l'*Eure.*

59. *Décrivez le cours de la* **Loire.**

La Loire prend sa source au mont Gerbier de Jonc, dans les Cévennes. Elle traverse ou touche 12 *départements :* Ardèche, Haute-Loire, Loire, Saône-et-Loire, Nièvre, Allier, Cher, Loiret, Loir-et-Cher, Indre-et-Loire, Maine-et-Loire, Loire-Inférieure. Elle se jette dans l'Atlantique.

La Loire passe non loin de Saint-Étienne ; elle baigne Nevers, Orléans, Blois, Tours et Nantes.

AFFLUENTS. — La Loire reçoit : à DROITE, la *Nièvre,* la *Maine,* formée par la réunion de la *Mayenne* et de la *Sarthe,* grossie du *Loir ;* —

à GAUCHE, l'*Allier*, le *Loiret*, le *Cher*, l'*Indre*, la *Vienne* grossie de la *Creuse*, et la *Sèvre-Nantaise*.

60. *Décrivez le cours de la* Garonne.

La Garonne prend sa source au val d'Aran, dans les Pyrénées espagnoles. Elle arrose 5 *départements* : Haute-Garonne, Tarn-et-Garonne, Lot-et-Garonne, Gironde et Charente-Inférieure. Elle se jette dans l'Atlantique sous le nom de Gironde.

Elle baigne Toulouse, Agen et Bordeaux.

AFFLUENTS. — La Garonne reçoit : à DROITE, l'*Ariège*, le *Tarn* grossi de l'*Aveyron*, le *Lot*, la *Dordogne* grossie de la *Vézère*, où afflue la *Corrèze*; — à GAUCHE, le *Gers*.

61. *Décrivez le cours du* Rhône.

Le Rhône sort des glaciers du Saint-Gothard, dans les Alpes suisses. Il limite 11 *départements* : à droite, l'Ain, le Rhône, la Loire, l'Ardèche, le Gard; — à gauche, la Haute-Savoie, la Savoie, l'Isère, la Drôme, Vaucluse et les Bouches-du-Rhône.

Le Rhône arrose Lyon, Vienne, Valence, Avignon et Arles.

AFFLUENTS. — Le Rhône reçoit : à DROITE, l'*Ain*, la *Saône* grossie du *Doubs*, l'*Ardèche* et le *Gard*; — à GAUCHE., l'*Isère*, la *Drôme* et la *Durance*.

62. *Quels sont les* lacs *de la* France?

Les principaux lacs sont le *Léman* ou *lac de Genève*, qui appartient à la France et à la Suisse; les lacs d'*Annecy* et du *Bourget*, situés en Savoie.

SECTION II. — GÉOGRAPHIE POLITIQUE

63. *Quelle est la* population *de la* France?

La France a 39 000 000 d'habitants, sans compter la population des colonies, qui est d'environ 60 000 000 d'habitants.

64. *Quelle est la* **superficie** *de la France?*
La superficie de la France est de 537 000 kil. carrés. C'est l'un des plus grands États de l'Europe.

65. *A quelle* **famille** *de peuples appartiennent les Français?*
Les Français appartiennent à la famille *latine*, qui comprend aussi les Espagnols, les Portugais, les Italiens. — La *langue française* est l'une des plus répandues en Europe.

66. *Quelle est la* **religion** *des Français?*
Les Français appartiennent généralement à la religion catholique, dont le chef sur la terre est N. S.-P. le Pape, qui réside à Rome.

67. *Quelle est* **l'ancienne division** *administrative de la France?*
Avant 1789, la France était divisée en 32 provinces plus ou moins étendues.

Administration.

68. *Quelle est la* **forme** *du gouvernement?*
La France est une *république*. Le *Président* gouverne avec le concours du *Sénat* et de la *Chambre des députés*.

69. *Comment se divise le territoire français?*
La France est divisée administrativement en 86 départements. Chaque département se subdivise en *arrondissements, cantons et communes*.

70. *Qu'est-ce qu'un* **département?**
Un *département* est une circonscription territoriale administrée par un préfet.

71. *Qu'est-ce qu'un* **arrondissement?**
Un *arrondissement* est une subdivision de département, ayant un administrateur particulier appelé sous-préfet. L'arrondissement de la préfecture est administré directement par le préfet.

72. *Qu'est-ce qu'un* **canton?**
Un *canton* est une subdivision d'arrondissement et comprend un certain nombre de communes.

73. *Qu'est-ce qu'une* commune ?

Une *commune* est une subdivision territoriale administrée par un maire.

74. *Combien y a-t-il de* divisions judiciaires ?

Pour l'administration de la justice, la France est divisée en 26 ressorts de *cour d'appel*.

75. *Combien y a-t-il de* divisions académiques ?

Pour l'administration de l'instruction publique, la France est divisée en 16 *académies*.

76. *Combien y a-t-il de* divisions militaires ?

Le territoire français est divisé en 20 *régions militaires*. — L'Algérie forme la 19° *région*.

Quels sont les cinq* arrondissements maritimes *de la France ?

Les cinq arrondissements maritimes de la France ont pour chefs-lieux les ports militaires de *Cherbourg*, *Brest*, *Lorient*, *Rochefort* et *Toulon*.

77. *Combien y a-t-il de* diocèses *en France ?*

Il y a en France 84 *diocèses*, dont 67 évêchés et 17 archevêchés. — L'Algérie et les colonies comptent en outre 5 évêchés et 2 archevêchés.

Chemins de fer.

78. *Quels sont les sept* grands réseaux *de chemins de fer et les principales lignes qu'ils comprennent ?* — Ce sont :

1° Le réseau de l'OUEST qui comprend :
La ligne de *Paris à Brest ;*
La ligne de *Paris à Cherbourg ;*
La ligne de *Paris à Rouen et au Havre.*
2° Le réseau du NORD, qui comprend :
La ligne de *Paris à Calais ;*
Les lignes de *Paris à Lille, à Maubeuge.*
3° Le réseau de l'EST, qui comprend :
La ligne de *Paris à Toul et Strasbourg ;*
La ligne de *Paris à Belfort et Mulhouse.*

4° Le réseau de PARIS-LYON-MÉDITERRANÉE, qui comprend :

La ligne de *Paris à Lyon*, par la Bourgogne ;
La ligne de *Paris à Lyon*, par le Bourbonnais,
La ligne de *Lyon à la Méditerranée*, ou de Lyon à Marseille, Toulon et Nice.

5° Le réseau d'ORLÉANS, qui comprend :
La ligne de *Paris à Nantes* par Tours ;
La ligne de *Paris à Bordeaux* ;
La ligne du *Centre*, de Paris à Toulouse.

6° Le réseau du MIDI, qui comprend :
La ligne de *Bordeaux à Toulouse et à Cette* ;
La ligne de *Bordeaux à Bayonne* ;
La ligne de *Narbonne à Perpignan*.

7° Le réseau de l'ÉTAT, qui comprend la ligne de *Paris à Bordeaux*, par Chartres et Niort.

Voies navigables.

79. *Quels sont les* **principaux canaux français ?**

Le canal de *Saint-Quentin*, qui réunit l'Oise à l'Escaut.

Le canal de *Sambre et Oise* fait communiquer la Meuse avec la Seine.

Le canal de la *Marne au Rhin* va d'Épernay à Strasbourg.

Le canal de *Bourgogne* réunit l'Yonne à la Saône.

Le canal du *Nivernais* réunit l'Yonne à la Loire.

Le canal du *Centre* réunit la Loire à la Saône.

Le canal du *Rhône au Rhin* par le Doubs.

Le canal du *Midi*, ou du Languedoc, va de Toulouse à Carcassonne et à Cette.

Le canal de *Nantes à Brest*.

80. *Quels sont les grands* **ports marchands ?**

1° *Sur la mer du Nord*, Dunkerque et Calais ;

2° *Sur la Manche*, Boulogne, Dieppe, le Havre, Rouen (sur la Seine), Saint-Malo ;

3° *Sur* ou *près de l'Océan*, Brest, Nantes et Saint-Nazaire, la Rochelle, Bordeaux, Bayonne ;
4° *Sur la Méditerranée*, Cette, Marseille, Toulon et Nice.

Villes principales.

81. *Donnez quelques détails sur les principales villes de la France ?*

La France a quinze villes dont la population dépasse cent mille âmes.

1° *Paris* (2.750.000 hab.), sur la Seine, capitale de la France, est la première ville de l'Europe pour les sciences, les arts et les monuments, et la seconde pour la population. Les produits de son industrie s'écoulent dans le monde entier, sous le nom d'*articles de Paris*

2° *Marseille* (500.000 h.), sur la Méditerranée, est la première ville maritime de la France.

EXERCICES SUR LA FRANCE PHYSIQUE

En consultant la carte, dites :

1. Quelles sont les montagnes de la France situées au N.-E.... au S.-E.... au S.... au Centre....

2. Quelles sont les montagnes ou collines qui forment la ligne de partage du versant de la mer du Nord... de la Manche... de l'Atlantique... de la Méditerranée...

3. Indiquez quelques rivières dont la direction générale est vers le nord... vers le sud... vers l'ouest... vers le nord-ouest..

4. Quels sont les cours d'eau qui descendent des Alpes... du Jura... des Vosges... de la Côte d'Or... du Plateau central ou des monts d'Auvergne... du plateau de Langres.. des Pyrénées...

5. De quel massif montagneux descend le Rhin... la Seine.. l'Isère... la Dordogne... la Saône...

6. Quel cours d'eau passe à Orléans... à Grenoble... à Limoges... à Amiens... à Valence... à Carcassonne...

7. Remarquez les rivières et les canaux qui mettent en communication la Seine avec l'Escaut... avec la Meuse... avec le Rhin... avec le Rhône... avec la Loire...; — le Rhône avec la Loire... avec le Rhin... avec la Garonne...

8. Remarquez les cours d'eau et les canaux qui établissent la communication de la mer Méditerranée avec la mer du Nord... avec la Manche... avec l'Océan...; — la Manche avec la mer du Nord... avec l'Océan...

3° *Lyon* (460.000 h.), au confluent de la Saône et du Rhône, est le centre de l'industrie de la soie.

4° *Bordeaux* (260.000 h.), sur la Garonne, est le plus grand entrepôt du commerce des vins.

5° *Lille* (220.000 h.) est, après Paris, notre centre industriel le plus important.

6° *Toulouse* (150.000 h.), à la jonction de la Garonne et du canal du Midi, est un centre de commerce pour la région pyrénéenne.

7° *Saint-Etienne* (145.000 h.) est un grand centre d'industrie houillère et métallurgique.

8° *Roubaix* (145.000 h.), près de Lille, travaille en grand la laine et le coton.

9° *Nantes* (133.000 h.), grand port sur la Loire, a pour avant-port *Saint-Nazaire*.

10° *Le Havre* (130.000 h.), à l'embouchure de la Seine, est le second port de France, et un immense entrepôt pour les cotons et le café.

11° *Rouen* (117.000 hab.), sur la Seine, est un centre très important pour la fabrication des tissus de coton appelés *rouenneries*.

12° *Reims* (108.000 h.), en Champagne, fabrique des lainages et fait le commerce des vins mousseux.

13° *Nancy* (105.000 h.), broderies.

14° *Nice* (104.000 h.), parfumerie: station d'hiver.

15° *Toulon* (103.000 h.), port militaire.

Colonies françaises.

82. *Quelles sont les colonies françaises ?*
Les *colonies françaises* sont :

1° En AFRIQUE, l'Algérie, la Tunisie, le Sahara, le Sénégal, le Soudan, le Dahomey, le Congo français, la Réunion, Madagascar ;

2° En ASIE, les établissements de l'Inde, ch.-l. Pondichéry ; la Cochinchine, l'Annam, le Tonkin ;

3° En OCÉANIE, la Nouvelle-Calédonie, les îles Basses ou Touamoutou, Marquises et Taïti ;

4° En AMÉRIQUE, la Guyane française, la Gua-

deloupe et la Martinique, dans les Antilles ; les îles
Saint-Pierre et Miquelon, près de Terre-Neuve.

TABLEAU DES DÉPARTEMENTS [1]

—

§ I. Région du NORD

ILE-DE-FRANCE, cap. Paris ; 5 dép.

1. SEINE, ch.-l. *Paris* (pas de sous-préfectures).

2. SEINE-ET-OISE, ch.-l. *Versailles ;* s.-pr. Corbeil, Étampes, Mantes, Pontoise, Rambouillet.

3. SEINE-ET-MARNE, ch.-l. *Melun ;* s.-pr. Coulommiers, Fontainebleau, Meaux, Provins.

4. OISE, ch.-l. *Beauvais ;* s.-pr. Clermont, Compiègne, Senlis.

5. AISNE, ch.-l. *Laon ;* s.-pr. Château-Thierry, Saint-Quentin, Soissons, Vervins.

PICARDIE, cap. Amiens ; 1 dép.

— SOMME, ch.-l. *Amiens ;* s.-pr. Abbeville, Doullens, Montdidier, Péronne.

ARTOIS, cap. Arras ; 1 dép.

— PAS-DE-CALAIS, ch.-l. *Arras ;* s.-pr. Béthune, Boulogne, Montreuil, Saint-Omer, Saint-Pol.

---

[1] Dans le cas où un département est formé aux dépens de plusieurs provinces, il est attribué à la province qui en a fourni la plus grande partie.

Pour faciliter l'étude de ce tableau, les départements sont groupés en 9 grandes régions, désignées suivant leur orientation par rapport au centre du pays : *régions du* NORD, *du* N.-E., *du* N.-O., *de l'*OUEST, *du* CENTRE, *du* S.-O., *au* SUD, *de l'*EST *et du* S.-E.

En outre, les régions, les provinces et les départements se suivent, autant que possible, dans l'ordre des bassins fluviaux. Il a paru convenable toutefois de commencer par la région du Nord, qui renferme la capitale de la France.

FLANDRE, cap. Lille; 1 dép.

— NORD, ch.-l. *Lille*; s.-pr. Avesnes, Cambrai, Douai, Dunkerque, Hazebrouck, Valenciennes.

§ II. Région du NORD-EST

CHAMPAGNE, cap. Troyes; 4 dép.

1. AUBE, ch.-l. *Troyes*; s.-pr. Arcis-sur-Aube, Bar-sur-Aube, Bar-sur-Seine, Nogent-sur-Seine.
2. HAUTE-MARNE, ch.-l. *Chaumont*; s.-pr. Langres, Wassy.
3. MARNE, ch.-l. *Châlons-sur-Marne*; s.-pr. Épernay, Reims, Sainte-Menehould, Vitry-le-François.
4. ARDENNES, ch.-l. *Mézières*; s.-pr. Rethel, Rocroi, Sedan, Vouziers.

LORRAINE, cap. Nancy; 3 dép.

1. MEUSE, ch.-l. *Bar-le-Duc*; s.-pr. Commercy, Montmédy, Verdun.
2. VOSGES, ch.-l. *Épinal*; s.-pr. Saint-Dié, Mirecourt, Neufchâteau, Remiremont.
3. MEURTHE-ET-MOSELLE, ch.-l. *Nancy*; s.-pr. Briey, Lunéville, Toul.

L'arrondissement de BELFORT, qui avant 1871 faisait partie de l'Alsace, forme un territoire distinct.

§ III. Région du NORD-OUEST

NORMANDIE, cap. Rouen; 5 dép.

1. SEINE-INFÉRIEURE, ch.-l. *Rouen*; s.-pr. Dieppe, le Havre, Neufchâtel, Yvetot.
2. EURE, ch.-l. *Evreux*; s.-pr. les Andelys, Bernay, Louviers, Pont-Audemer.
3. CALVADOS, ch.-l. *Caen*; s.-pr. Bayeux, Falaise, Lisieux, Pont-l'Évêque, Vire.
4. MANCHE, ch.-l. *Saint-Lô*; s.-pr. Avranches, Cherbourg, Coutances, Mortain, Valognes.

5. ORNE, ch.-l. *Alençon ;* s.-pr. Argentan, Domfront, Mortagne.

MAINE, cap. le Mans ; 2 dép.

1. SARTHE, ch.-l. *le Mans,* s.-pr. la Flèche, Mamers, Saint-Calais.
2. MAYENNE, ch.-l. *Laval ;* s.-pr. Château-Gontier, Mayenne.

§ IV. Région de l'OUEST

BRETAGNE, cap. Rennes ; 5 dép.

1. ILLE-ET-VILAINE, ch.-l. *Rennes ;* s.-pr. Fougères, Montfort, Redon, Saint-Malo, Vitré.
2. CÔTES-DU-NORD, ch.-l. *Saint-Brieuc ;* s.-pr. Dinan, Guingamp, Lannion, Loudéac.
3. FINISTÈRE, ch.-l. *Quimper ;* s.-pr. Brest, Châteaulin, Morlaix, Quimperlé.
4. MORBIHAN, ch.-l. *Vannes ;* s.-pr. Lorient, Ploërmel, Pontivy.
5. LOIRE-INFÉRIEURE, ch.-l. *Nantes ;* s.-pr. Ancenis, Châteaubriant, Paimbœuf, Saint-Nazaire.

ANJOU, cap. Angers ; 1 dép.

— MAINE-ET-LOIRE, ch.-l. *Angers ;* s.-pr. Baugé, Cholet, Saumur, Segré.

POITOU, cap. Poitiers ; 3 dép.

1. VENDÉE, ch.-l. *la Roche-sur-Yon ;* s.-pr. Fontenay - le - Comte, les Sables - d'Olonne.
2. DEUX-SÈVRES, ch.-l. *Niort ;* s.-pr. Bressuire, Melle, Parthenay.
3. VIENNE, ch.-l. *Poitiers ;* s.-pr. Châtellerault, Civray, Loudun, Montmorillon.

§ V. Région du CENTRE

ORLÉANAIS, cap. Orléans ; 3 dép.

1. LOIRET, ch.-l. *Orléans ;* s.-pr. Gien, Montargis, Pithiviers

2. EURE-ET-LOIR, ch.-l. *Chartres;* s.-p. Châteaudun, Dreux, Nogent-le-Rotrou.

3. LOIR-ET-CHER, ch.-l. *Blois;* s.-pr. Romorantin, Vendôme.

TOURAINE, cap. Tours ; 1 dép.

— INDRE-ET-LOIRE, ch.-l. *Tours;* s.-pr. Chinon, Loches.

BERRY, cap. Bourges ; 2 dép.

1. INDRE, ch.-l. *Châteauroux;* s.-pr. le Blanc, la Châtre, Issoudun.

2. CHER, ch.-l. *Bourges;* s.-pr. Saint-Amand, Sancerre.

NIVERNAIS, cap. Nevers ; 1 dép.

— NIÈVRE, ch.-l. *Nevers;* s.-pr. Château-Chinon, Clamecy, Cosne.

BOURBONNAIS, cap. Moulins ; 1 dép.

— ALLIER, ch.-l. *Moulins;* s.-pr. Gannat, Montluçon, Lapalisse.

MARCHE, cap. Guéret ; 1 dép.

— CREUSE, ch.-l. *Guéret;* s.-pr. Aubusson, Bourganeuf, Boussac.

LIMOUSIN, cap. Limoges ; 2 dép.

1. HAUTE-VIENNE, ch.-l. *Limoges;* s.-pr. Bellac, Rochechouart, Saint-Yrieix.

2. CORRÈZE, ch.-l. *Tulle;* s.-pr. Brive, Ussel.

AUVERGNE, cap. Clermont ; 2 dép.

1. PUY-DE-DÔME, ch.-l. *Clermont-Ferrand;* s.-pr. Ambert, Issoire, Riom, Thiers.

2. CANTAL, ch.-l. *Aurillac;* s.-pr. Mauriac, Murat, Saint-Flour.

§ VI. Région du SUD-OUEST

ANGOUMOIS, cap. Angoulême ; 1 dép.

— CHARENTE, ch.-l. *Angoulême ;* s.-pr. Barbe-zieux, Cognac, Confolens, Ruffec.

AUNIS, cap. la Rochelle, et **SAINTONGE**, cap. Saintes ; 1 département.

— CHARENTE-INFÉRIEURE, ch.-l. *la Rochelle ;* s.-pr. Jonzac, Marennes, Rochefort, Saintes, Saint-Jean-d'Angély.

GUYENNE, cap. Bordeaux ; 6 dép.

1. GIRONDE, ch.-l. *Bordeaux ;* s.-pr. Bazas, Blaye, Lesparre, Libourne, la Réole.
2. DORDOGNE, ch.-l. *Périgueux ;* s.-pr. Berge-rac, Noutron, Ribérac, Sarlat.
3. LOT, ch.-l. *Cahors ;* s.-pr. Figeac, Gourdon.
4. AVEYRON, ch.-l. *Rodez ;* s.-pr. Espalion, Mil-lau, Saint-Affrique, Villefranche.
5. LOT-ET-GARONNE, ch.-l. *Agen ;* s.-pr. Mar-mande, Nérac, Villeneuve-sur-Lot.
6. TARN-ET-GARONNE, ch.-l. *Montauban ;* s.-pr. Castelsarrasin, Moissac.

GASCOGNE ; cap. Auch ; 3 dép.

1. GERS, ch.-l. *Auch ;* s.-pr. Condom, Lectoure, Lombez, Mirande.
2. LANDES, ch.-l. *Mont-de-Marsan ;* s.-pr. Dax, Saint-Sever.
3. HAUTES-PYRÉNÉES, ch.-l. *Tarbes ;* s.-pr. Ar-gelès, Bagnères-de-Bigorre.

BÉARN, cap. Pau ; 1 dép.

— BASSES-PYRÉNÉES, ch.-l. *Pau ;* s.-pr. Bayonne, Mauléon, Oloron, Orthez.

§ VII. Région du SUD

COMTÉ DE FOIX, cap. Foix ; 1 dép.

— ARIÈGE, ch.-l. *Foix,* s.-pr. Pamiers, Saint-Girons.

ROUSSILLON, cap. Perpignan ; 1 dép.
— PYRÉNÉES-ORIENTALES, ch.-l. *Perpignan* ; s.-pr. Céret, Prades.

LANGUEDOC, cap. Toulouse ; 8 dép.
1. HAUTE-GARONNE, ch.-l. *Toulouse* ; s.-pr. Muret, Saint-Gaudens, Villefranche.
2. TARN, ch.-l. *Albi* ; s.-pr. Castres, Gaillac, Lavaur.
3. AUDE, ch.-l. *Carcassonne* ; s.-pr. Castelnaudary, Limoux, Narbonne.
4. HÉRAULT, ch.-l. *Montpellier* ; s.-pr. Béziers, Lodève, Saint-Pons.
5. GARD, ch.-l. *Nîmes* ; s.-pr. Alais, Uzès, le Vigan.
6. ARDÈCHE, ch.-l. *Privas* ; s.-pr. Largentière, Tournon.
7. LOZÈRE, ch.-l. *Mende* ; s.-pr. Florac, Marvejols.
8. HAUTE-LOIRE, ch.-l. *le Puy* ; s.-pr. Brioude, Yssingeaux.

§ VIII. Région de l'EST

LYONNAIS, cap. Lyon ; 2 dép.
1. RHÔNE, ch.-l. *Lyon* ; s.-pr. Villefranche.
2. LOIRE, ch.-l. *Saint-Étienne* ; s.-pr. Montbrison, Roanne.

BOURGOGNE, cap. Dijon ; 4 dép.
1. AIN, ch.-l. *Bourg* ; s.-pr. Belley, Gex, Nantua, Trévoux.
2. SAÔNE-ET-LOIRE, ch.-l. *Mâcon* ; s.-pr. Autun, Chalon-sur-Saône, Charolles, Louhans.
3. CÔTE-D'OR, ch.-l. *Dijon* ; s.-pr. Beaune, Châtillon-sur-Seine, Semur.
4. YONNE, ch.-l. *Auxerre* ; s.-pr. Avallon, Joigny, Sens, Tonnerre.

FRANCHE-COMTÉ, cap. Besançon ; 3 dép.
1. HAUTE-SAÔNE, ch.-l. *Vesoul* ; s.-pr. Gray, Lure.

2. DOUBS, ch.-l. *Besançon;* s.-pr. Baume, Montbéliard, Pontarlier.

3. JURA, ch.-l. *Lons-le-Saunier;* s.-pr. Dôle, Poligny, Saint-Claude.

§ IX. Région du SUD-EST

SAVOIE, cap. Chambéry ; 2 dép.

1. HAUTE-SAVOIE, ch.-l. *Annecy;* s.-pr. Bonneville, Saint-Julien, Thonon.

2. SAVOIE, ch.-l. *Chambéry;* s.-pr. Albertville, Moutiers, Saint-Jean-de-Maurienne.

DAUPHINÉ, cap. Grenoble ; 3 dép.

1. ISÈRE, ch.-l. *Grenoble;* s.-pr. Saint-Marcellin, la Tour-du-Pin, Vienne.

2. DRÔME, ch.-l. *Valence;* s.-pr. Die, Montélimar, Nyons.

3. HAUTES-ALPES, ch.-l. *Gap;* s.-pr. Briançon, Embrun.

COMTAT, cap. Avignon ; 1 dép.

— VAUCLUSE, ch.-l. *Avignon;* s.-pr. Apt, Carpentras, Orange.

PROVENCE, cap. Aix ; 3 dép.

1. BOUCHES-DU-RHÔNE, ch.-l. *Marseille;* s.-pr. Aix, Arles.

2. VAR, ch.-l. *Draguignan;* s.-pr. Brignoles, Toulon.

3. BASSES-ALPES, ch.-l. *Digne;* s.-pr. Barcelonnette, Castellane, Forcalquier, Sisteron.

COMTÉ DE NICE, cap. Nice ; 1 dép.

— ALPES-MARITIMES, ch.-l. *Nice;* s.-pr. Grasse, Puget-Théniers.

CORSE, cap. Ajaccio ; 1 dép.

— CORSE, ch.-l. *Ajaccio;* s.-pr. Bastia, Calvi, Corte, Sartène.

ALGÉRIE, cap. Alger ; 3 dép.

Le département d'ALGER, ch.-l. *Alger* ; s.-pr. Médéa, Miliana, Orléansville, Tizi-Ouzou.

Le département de CONSTANTINE, ch.-l. *Constantine* ; s.-pr. Batna, Bône, Bougie, Guelma, Philippeville, Sétif.

Le département d'ORAN, ch.-l. *Oran* ; s.-pr. Mascara, Mostaganem, Sidi-Bel-Abbès, Tlemcen.

EXERCICES SUR LES DÉPARTEMENTS

En consultant la carte, dites :

1. Quels sont les départements français situés sur les frontières de la Belgique... de l'Allemagne... de la Suisse... de l'Italie... de l'Espagne...

2. Quels sont les départements baignés par la mer du Nord... par la Manche... par l'Océan... par la Méditerranée...

3. Quel est le département situé le plus au nord... le plus à l'est... le plus au sud... le plus à l'ouest...

4. Quels sont les départements situés sous le méridien de Paris... sous le 4e degré de longitude orientale... sous le 2e degré de longitude occidentale... sous le 44e et le 48e degré de latitude septentrionale...

5. Quels départements et quelles villes traverse un voyageur qui va en chemin de fer de Paris à Lille... de Paris à Marseille par Lyon... de Paris à Bordeaux par Tours... de Nancy à Brest par Lyon... de Bordeaux à Nice...

6. Quelle est par rapport à Paris l'orientation de Nancy... de Nantes... de Bourges... d'Arras... de Rouen... de Nice... de Rennes...

7. Quelle est l'orientation des mêmes villes par rapport à Lyon... à Nantes...

8. Citez les départements *qui tirent leur nom* de la Seine... des affluents de la Seine... de la Loire... des affluents de la Loire... de la Garonne... des affluents de la Garonne... du Rhône... des affluents du Rhône... enfin de quelque autre rivière...

9. Citez les départements qui tirent leur nom des Pyrénées... des Alpes... de quelque autre montagne...

10. Citez les départements qui tirent leur nom de quelque particularité autre que les montagnes et les rivières...

11. Citez les villes de la France qui ont plus de 100 000 habitants.

IVᵉ PARTIE

GÉOGRAPHIE GÉNÉRALE

LA TERRE [1]

---

83. *Qu'est-ce que la* **Terre ?**
La Terre *est un astre*, aussi bien que la Lune et le Soleil. *Sa forme·est ronde ;* elle a 40,000 kilomètres de circonférence.

---

[1] DÉTAILS SUR LA TERRE ET LES ASTRES

Quelle est la forme de la Terre ?
La Terre est ronde comme une boule.
Pourquoi nous paraît-elle plate ?
C'est que nous n'en voyons qu'une petite partie à la fois.
Donnez une preuve de la rondeur de la Terre ?
Lorsque sur le bord de la mer on observe un vaisseau qui s'éloigne, on voit sa partie *inférieure* disparaître insensiblement, puis les voiles et enfin le haut des mâts, qui disparaissent à leur tour, comme si le vaisseau s'enfonçait sous l'eau. Donc la surface de la mer n'est pas plane.
Et si le vaisseau continue son voyage ?
Il pourra revenir au port par un chemin opposé à celui du départ : il reviendra par l'ouest, s'il est parti par l'est ; ce qui n'aurait pas lieu si la Terre était plane. Donc la Terre est ronde.
On peut donc faire le tour de la Terre ?
Il y a chaque année beaucoup de voyageurs qui font le *tour du monde*.
Les montagnes n'altèrent-elles pas la rondeur générale du globe ?
Non, car elles sont proportionnellement à la Terre beaucoup moins sensibles que les aspérités de la peau d'une orange ou de la coquille d'un œuf.
Comment nous apparaîtrait la Terre, si nous étions sur la Lune ?
La Terre nous apparaîtrait suspendue dans le ciel, ronde et brillante, comme nous y voyons la Lune.

84. *Quels sont les* mouvements de la Terre ?

La Terre a deux mouvements : 1° un mouvement journalier de *rotation* sur elle-même ; 2° un mouvement annuel de *révolution* autour du Soleil.

85. *Comment représente-t-on la* Terre ?

On représente la Terre par un *globe terrestre*, et les détails de sa surface par des *cartes géographiques*.

Sur quoi donc la Terre repose-t-elle ?
Elle n'est soutenue dans l'espace que par la seule puissance de Dieu, et par les lois providentielles qu'il a établies.

La Terre est-elle immobile ?
La Terre exécute continuellement deux mouvements, l'un sur elle-même, l'autre autour du Soleil.

Donnez-nous une image ou une comparaison des deux mouvements de la Terre.
Une toupie tournant sur sa pointe (rotation) et décrivant un cercle (révolution), imite les deux mouvements de la Terre.

Que produit le mouvement de rotation de la Terre ?
Il produit le jour et la nuit en 24 heures.

Que produit son mouvement de révolution ?
Il produit les quatre saisons et les 365 jours de l'année.

Quelles sont les quatre saisons de l'année ?
Le printemps, l'été, l'automne, l'hiver.

Ce n'est donc pas le Soleil qui tourne chaque jour autour de la Terre ?
Non ; le Soleil étant beaucoup plus gros que la Terre, la fait tourner autour de lui.

Que recevons-nous du Soleil ?
Nous en recevons la chaleur et la lumière.

Et la Lune, comment tourne-t-elle ?
La Lune, plus petite que la Terre, tourne autour de notre globe, qui l'entraîne autour du Soleil.

Quel service nous rend la Lune ?
Elle nous éclaire pendant la nuit en nous renvoyant la lumière du Soleil.

Que sont les Étoiles ?
Les Étoiles sont des astres brillants et très volumineux, comme le Soleil ; mais leur grand éloignement nous les fait paraître beaucoup plus petites.

86. *Qu'est-ce qu'un* **globe terrestre ?**

Le *globe terrestre* est une boule ou sphère qui représente la Terre, et sur laquelle sont dessinés les différents accidents géographiques : continents, mers, etc.

87. *Qu'est-ce qu'une* **carte ?**

Une *carte* est un plan qui représente la surface de la Terre, ou l'une de ses parties.

88. *Qu'est-ce que la* **mappemonde?**

La *mappemonde* est une carte représentant la sphère terrestre coupée en deux demi-boules ou *hémisphères*, l'un *oriental*, l'autre *occidental*.

Points cardinaux.

89. *Qu'est-ce que* **l'horizon ?**

L'*horizon* est le cercle qui, bornant notre vue au loin, semble réunir le ciel et la terre.

90. *Quels sont les* **points cardinaux** *de l'horizon ?*

Les quatre *points cardinaux* de l'horizon sont : le *nord*, le *sud*, l'*est* et l'*ouest*. — Ils sont opposés deux à deux et à angles droits.

L'EST, appelé aussi *orient* ou *levant*, est le côté du ciel où le soleil se lève.

L'OUEST, *occident* ou *couchant*, est le côté du ciel où le soleil se couche.

Le SUD, ou *midi*, est le côté du ciel où le soleil est à l'heure de midi.

Le NORD, ou *septentrion*, est le côté du ciel opposé au midi. On y trouve, la nuit, l'étoile polaire et les sept étoiles de la Grande Ourse.

91. *Qu'appelle-t-on* **points collatéraux ?**

Les *points collatéraux* sont des points intermédiaires aux points cardinaux. Il y en a quatre : le *nord-est*, le *nord-ouest*, le *sud-est* et le *sud-ouest*.

92. *Qu'est-ce que s'orienter?*
S'*orienter*, c'est reconnaître la direction de l'orient et des autres points cardinaux.

93. *Comment faut-il se placer pour s'***orienter?**
Pour *s'orienter*, on peut se placer de manière à avoir le côté droit tourné vers le lieu du soleil devant: alors on a l'est ou *orient* à droite, l'ouest à gauche, le nord en face et le sud derrière soi.

94. *Comment sont disposés les points cardinaux sur une carte?*
Sur une carte, il est convenu de placer le N. en haut, le S. en bas, l'E. à droite et l'O. à gauche.

Lignes et Cercles de la Sphère.

95. *Qu'est-ce que l'***axe** *de la* **Terre?**
On appelle *axe* le diametre ou ligne imaginaire autour de laquelle la Terre fait sa rotation.

96. *Qu'est-ce que les* **pôles?**
Les *pôles* sont les deux points extrêmes de l'axe. On distingue le pôle *nord* ou *boréal*, et le pôle *sud* ou *austral*.

97. *Qu'est-ce qu'un* **méridien?**
On appelle *méridien* tout grand cercle qui passe par les pôles.

98. *Quel est le premier méridien en France?*
En France, le premier méridien est celui qui passe par l'Observatoire de Paris.

99. *Comment le méridien divise-t-il la Terre?*
Un méridien partage la Terre en deux hémisphères, l'un *oriental*, du côté du levant; l'autre *occidental*, du côté du couchant.

100. *Qu'est-ce que l'***Équateur?**
L'*Équateur* est un grand cercle qui passe à égale distance des deux pôles.

101. *Comment l'Équateur divise-t-il la Terre?*

L'Equateur partage la Terre en deux parties égales : *l'hémisphère septentrional* ou *boréal*, du côté du nord, et *l'hémisphère méridional* ou *austral*, du côté du sud.

Divisions du globe.

102. *Que comprend la surface du globe ?*

La surface du globe présente des TERRES, ou parties solides, et des MERS, ou grandes étendues d'eau salée.

Les terres se composent de trois CONTINENTS. et d'un grand nombre d'îles. Elles forment les cinq PARTIES DU MONDE.

103. *Quels sont les trois continents?*

Ce sont : l'*Ancien Continent*, — le *Nouveau Continent* ou l'Amérique, — et l'*Australie* ou Continent Australien.

104. *Quelles sont les cinq parties du monde ?*

L'*Europe*, l'*Asie* et l'*Afrique*, qui forment l'Ancien Continent ;

L'*Amérique*, ou le Nouveau Continent ;

L'*Océanie*, formée de l'Australie et d'un grand nombre d'îles.

105. *Comment divise-t-on l'Océan ?*

On le divise en cinq océans particuliers, qui sont :

1° L'océan *Atlantique*, situé entre l'Europe, l'Afrique et l'Amérique ;

2° L'océan *Pacifique* ou *Grand Océan*, situé entre l'Asie et l'Amérique ;

3° L'océan *Indien*, situé entre l'Afrique, l'Asie et l'Australie ;

4° L'océan *Glacial du Nord*, au nord de l'Europe, de l'Asie et de l'Amérique ;

5° L'océan *Glacial du Sud*, au sud de l'Afrique et de l'Amérique.

106. *Quelle est la* **population** *totale du globe et de chaque partie du monde?*

La population du globe est de 1.550.000.000 d'habitants.

L'Europe compte environ 400.000.000 d'hab.
L'Asie   —   820.000.000   —
L'Afrique   —   130.000.000   —
L'Amérique   —   150.000.000   —
L'Océanie   —   50.000.000   —

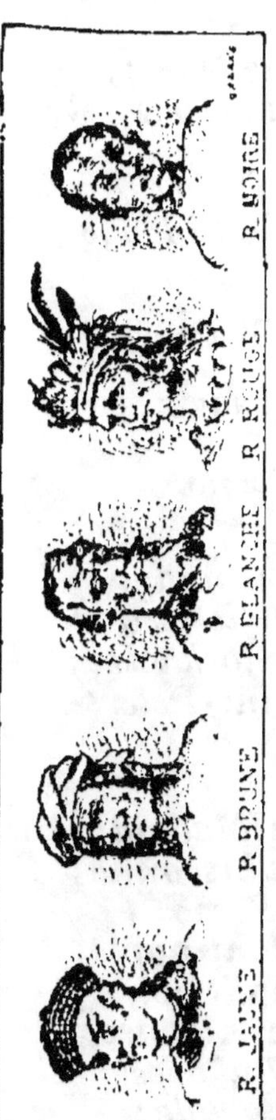

Quelles sont les **races humaines ?**

Ce sont : la *race blanche*, qui peuple l'Europe, l'Amérique et l'Asie occidentale ;

La *race jaune*, qui peuple l'Asie orientale ;

La *race noire*, qui peuple en partie l'Afrique, l'Océanie et même l'Amérique ;

La *race brune*, qui peuple les Indes et la Malaisie ;

La *race rouge*, qui comprend les sauvages de l'Amérique.

Quelles sont les principales **religions ?**

Ce sont : le *christianisme*, qui domine en Europe et en Amérique ;

Le *mahométisme*, qui domine dans l'Asie occidentale et l'Afrique septentrionale ;

Le *judaïsme*, ou le culte des Juifs ;

Le *paganisme*, qui est surtout répandu en Asie et en Afrique.

EUROPE

107. *Quelles sont les* **bornes** *de l'Europe ?*
L'Europe est bornée au N. par l'océan Glacial boréal ; — à l'E., par l'Asie (ou par les monts Ourals, le fleuve Oural et la mer Caspienne) ; — au S., par le Caucase, la mer Noire et la Méditerranée ; — à l'O., par l'océan Atlantique.

108. *Quelles sont les* **divisions politiques** *de l'Europe et leurs* **villes** *capitales ?*

A L'OUEST

1° La république FRANÇAISE, capitale *Paris ;*
2° Le royaume uni de GRANDE-BRETAGNE et d'IRLANDE, capitale *Londres ;*
3° Le royaume de BELGIQUE, capitale *Bruxelles ;*
4° Le royaume des PAYS-BAS, capitale *la Haye.*

AU CENTRE

5° L'empire d'ALLEMAGNE, comprenant principalement la Prusse, capitale *Berlin ;*
6° L'empire-royaume d'AUTRICHE-HONGRIE, capitales *Vienne* et *Budapest.*
7° La république SUISSE, capitale *Berne.*

AU NORD-EST

8° Le royaume de DANEMARK, cap. *Copenhague ;*
9° Le royaume de NORVÈGE, cap. *Christiania ;*
10° Le royaume de SUÈDE, capitale *Stockholm ;*
11° L'empire de RUSSIE, capitale *Saint-Petersbourg.*

AU SUD

12° Le royaume d'ESPAGNE, capitale *Madrid ;*
13° Le royaume de PORTUGAL, capitale *Lisbonne ;*
14° Le royaume d'ITALIE, capitale *Rome ;*
15° L'empire de TURQUIE, cap. *Constantinople ;*
16° La principauté de BULGARIE, cap. *Sophia ;*
17° Le royaume de GRÈCE, capitale *Athènes ;*
18° Le royaume de ROUMANIE, cap. *Bukarest ;*
19° Le royaume de SERBIE, cap. *Belgrade ;*
20° La principauté de MONTÉNÉGRO, cap. *Cettinié.*

108 bis. *Citez d'autres* **villes** *importantes.*

En Angleterre : *Manchester*, *Liverpool* ; en Écosse, *Edimbourg* et *Glasgow* ; en Irlande, *Dublin* ;

En Belgique, *Anvers* ;

En Hollande, *Amsterdam* ;

En Autriche, *Prague*, *Lemberg*, *Trieste* ;

En Allemagne, *Munich*, *Dresde*, *Hambourg* ;

En Russie, *Moscou*, *Varsovie*, *Odessa* ;

En Espagne, *Barcelone*, *Valence*, *Cadix* ;

En Italie, *Naples*, *Milan*, *Florence*, *Venise*.

109. *Quelles sont les* **mers** *qui baignent l'Europe ?*

L'Europe est baignée par deux océans et une grande mer intérieure : l'océan *Glacial boréal*, l'océan *Atlantique* et la mer *Méditerranée*.

1° L'océan Glacial boréal forme la mer *Blanche*.

2° L'océan atlantique forme la mer *Baltique*, la mer du *Nord*, la mer d'*Irlande*, la *Manche*, la mer de *France*, appelée aussi golfe de *Gascogne*.

3° La mer Méditerranée forme la mer *Tyrrhénienne*, la mer *Adriatique*, la mer *Ionienne*, l'*Archipel* (ou mer Egée), la mer de *Marmara*, la mer *Noire* et la mer d'*Azov*.

4° La mer Caspienne est une mer isolée ; c'est le plus grand lac du globe.

110. *Citez quelques* **golfes** *de l'Europe.*

Dans la Baltique, le golfe de *Bothnie*, entre la Suède et la Russie ; les golfes de *Finlande* et de *Riga*, en Russie.

Dans l'Atlantique, le golfe de *Gascogne*, entre la France et l'Espagne.

Dans la Méditerranée, le golfe du *Lion*, en France ; les golfes de *Gênes* et de *Venise*, en Italie.

111. *Citez quelques* **détroits** *en Europe.*

Dans l'Atlantique et ses dépendances, le *Skager-*

Rak, le *Cattégat* et le *Sund*, entre le Danemark, la Norvège et la Suède.

Le *Pas de Calais*, entre la France et l'Angleterre.

Le canal *Saint-Georges* et le canal du *Nord*, entre l'Angleterre et l'Irlande.

Dans la Méditerranée et ses dépendances, le détroit de *Gibraltar*, entre l'Espagne et l'Afrique.

Le détroit de *Messine*, entre l'Italie et la Sicile.

Le canal d'*Otrante*, entre l'Italie et la Turquie.

Les *Dardanelles* et le *Bosphore*, entre la Turquie d'Europe et la Turquie d'Asie.

Le détroit d'*Iénikalé*, entre la Crimée et la Caucasie.

112. *Citez quelques* **îles** *ou* **archipels** *en Europe*.

Dans l'océan Glacial, la *Nouvelle-Zemble*, appartenant à la Russie ; — les îles *Lofoden*, à la Norvège.

Dans la mer Baltique, les îles *Seeland*, *Fionie* et autres îles de l'*archipel Danois* ; — l'île *Gotland*, à la Suède ; — l'île *Oesel*, à la Russie.

Dans l'Atlantique, l'*Islande* et les îles *Féroé*, au Danemark.

L'archipel des *îles Britanniques*, dont les principales sont la *Grande-Bretagne*, l'*Irlande* et les *Hébrides*.

Dans la Méditerranée occidentale, les îles *Baléares*, à l'Espagne ; — la *Corse*, à la France ; — la *Sardaigne* et la *Sicile*, à l'Italie.

Dans la Méditerranée orientale, l'île de *Malte*, à l'Angleterre ; — les îles *Ioniennes* et *Négrepont*, à la Grèce ; — l'île de *Crète*.

113. *Nommez quelques* **presqu'îles** *en Europe*.

La péninsule *scandinave*, comprenant la Suède, la Norvège et la Laponie ; la péninsule *hispanique*, comprenant l'Espagne et le Portugal ; la péninsule *italique* ou l'Italie.

Le *Jutland*, en Danemark ; la *Morée*, au sud de la Grèce ; la *Crimée*, au sud de la Russie.

114. *Nommez les* **isthmes** *remarquables d'Europe.*

L'isthme de *Corinthe*, qui joint la Morée au continent, et celui de *Pérécop*, qui unit la Crimée à la Russie.

115. *Citez quelques* **caps** *de l'Europe.*

Dans l'océan Glacial, le cap *Nord*, en Laponie.

Dans l'Atlantique et ses dépendances, le cap *Lindesness*, en Norvège ; le cap *Duncansby*, en Ecosse ; le cap *Landsend*, en Angleterre ;

Le cap *Saint-Mathieu*, en France ;

Le cap *Finisterre*, en Espagne ;

Le cap *Saint-Vincent*, en Portugal.

Dans la Méditerranée et ses dépendances, le cap *Spartivento* et le cap *Leuca*, en Italie ; — le cap *Matapan*, en Morée.

116. *Quelles sont les grandes* **chaînes de montagnes** *en Europe ?*

Les *Alpes*, entre la France, l'Italie, la Suisse et l'Autriche ;

Le *Jura*, entre la France et la Suisse ;

Les *Vosges*, entre la France et l'Allemagne ;

Les *Cevennes*, en France ;

Les *Carpates*, en Autriche-Hongrie ;

Les *Balkans*, en Bulgarie ;

Les *Apennins*, en Italie ;

Les *Pyrénées*, entre la France et l'Espagne ;

Les monts *Scandinaves* ou Dofrines, en Norvège et en Suède ;

L'*Oural* et le *Caucase*, entre la Russie et l'Asie.

117. *Quels sont les* **volcans** *de l'Europe ?*

Le *Vésuve*, près de Naples ; — l'*Etna*, en Sicile ; — et l'*Hékla*, en Islande.

118. *Quels sont les* **grands fleuves** *de l'Europe.*

1° Dans le versant de l'OCÉAN GLACIAL : la *Petschora* et la *Dwina*, au nord de la Russie.

2° Dans le bassin de la BALTIQUE : le *Niémen*, en Russie ; — la *Vistule*, en Pologne, — et l'*Oder*, en Prusse.

3° Dans le bassin de la MER DU NORD : l'*Elbe*, en Allemagne ; — le *Rhin*, en Suisse, en Allemagne et dans les Pays-Bas ; — la *Tamise*, en Angleterre.

4° Dans le versant propre de l'ATLANTIQUE : la *Seine*, la *Loire* et la *Garonne*, en France ; — le *Tage*, dans la péninsule hispanique.

5° Dans le versant de la MÉDITERRANÉE : l'*Èbre*, en Espagne ; — le *Rhône*, en France ; — le *Tibre* et le *Pô*, en Italie.

6° Dans le versant de la MER NOIRE : le *Danube*, le second fleuve de l'Europe, qui parcourt l'Allemagne, l'Autriche et la Roumanie ; — le *Dniéper* et le *Don* MER D'AZOV, en Russie.

7° Dans le versant de la MER CASPIENNE : le *Volga*, le plus long fleuve de l'Europe, en Russie ; — enfin l'*Oural*, que l'on prend pour limite entre l'Europe et l'Asie.

119. *Quels sont les grands lacs de l'Europe ?*
En Russie, le lac *Ladoga*, le plus grand de l'Europe, et le lac *Onéga* ; — en Suède, les lacs *Wéner*, *Wetter* et *Mélar* ; — en Suisse, les lacs de *Genève* et de *Constance*.

EXERCICES SUR L'EUROPE

1. Un navigateur va de Saint-Pétersbourg à Odessa, dites quelles mers et quels détroits il traversera.

2. Quels îles, presqu'îles et caps il rencontrera.

3. Faites les mêmes réponses pour un voyage de retour, c'est-à-dire d'Odessa à Saint-Pétersbourg.

4. Un vaisseau marchand longe les côtes de l'Europe, depuis la mer Noire jusqu'à la mer Blanche, dites quels pays il rencontrera, et quels ports il pourra visiter.

5. Quelles mers et quels pays traverserait un voyageur qui irait en ligne droite de Dublin à Constantinople... ?

6. — De Gibraltar à Saint-Pétersbourg ?...

7. — De Stockholm à Tunis (en Afrique) ?...

8. Quels sont les pays de l'Europe baignés par la mer Baltique ?... par la mer du Nord ?... par la Méditerranée ?...

9. Quelles sont les mers ou les golfes qui baignent l'Espagne ?... la France ?... l'Italie ?... la Turquie ?... l'Allemagne ?... les Iles Britanniques ?...

10. Quelles sont les mers qui sont mises en communication par les détroits du Sund ?... du Pas de Calais ?... du canal Saint-Georges ?... de Gibraltar ?... du Bosphore ?... et par chacun des autres détroits de l'Europe ?...

11. Quelles sont les îles appartenant à la France ?... à l'Angleterre ?... à la Russie ?... à l'Espagne ?... à l'Italie ?...

12. Quels sont les fleuves et les montagnes de la Russie ?... de l'Allemagne ?... de la France ?... de l'Autriche ?...

13. Classez les principaux Etats de l'Europe par ordre d'étendue.

14. Indiquez les bornes particulières de la Russie... de l'Allemagne... de l'Autriche... de la Turquie... de l'Espagne..., etc...

15. Quelle est l'orientation des Etats de l'Europe par rapport à la France ?... par rapport à l'Autriche ?... par rapport au Danemark ?...

16. Quelle est l'orientation des capitales de l'Europe par rapport à Paris ?... à Vienne ?... à Rome ?... à Londres ?...

ASIE

120. *Quelles sont les* **bornes** *de l'Asie ?*

L'Asie est bornée au N. par l'océan Glacial arctique ; — à l'E., par le Grand Océan ; — au S., par l'océan Indien ; — à l'O., par la Méditerranée et l'Europe.

121. *Quelles sont les grandes* **contrées** *de l'Asie avec leurs* **villes** *principales ?*

L'ASIE RUSSE, comprenant la SIBÉRIE, villes principales *Tobolsk*, et *Irkoustk*, près du lac de Barkal ; — le TURKESTAN, ville principale *Boukhara ;* la *Caucasie*, ville principale *Tiflis*.

L'empire CHINOIS, capitale *Péking ;* villes principales *Nanking* et *Canton*.

Le royaume de CORÉE, capitale *Séhoul*.

L'empire du JAPON, capitale *Tokio*.

L'INDO-CHINE, villes principales *Hanoï*, *Hué*, et *Saïgon*, aux Français ; *Singapour*, aux Anglais ; *Bangkok*, capitale du royaume de Siam.

L'HINDOUSTAN, appartenant aux Anglais, capitale *Calcutta ;* villes principales *Bombay* et *Madras*. — La ville de *Pondichéry* est aux Français.

L'AFGANISTAN, capitale *Kaboul*.

LA PERSE, capitale *Théhéran*.

LA TURQUIE D'ASIE, villes principales *Smyrne, Damas, Jérusalem*.

L'ARABIE, ville principale *la Mecque*.

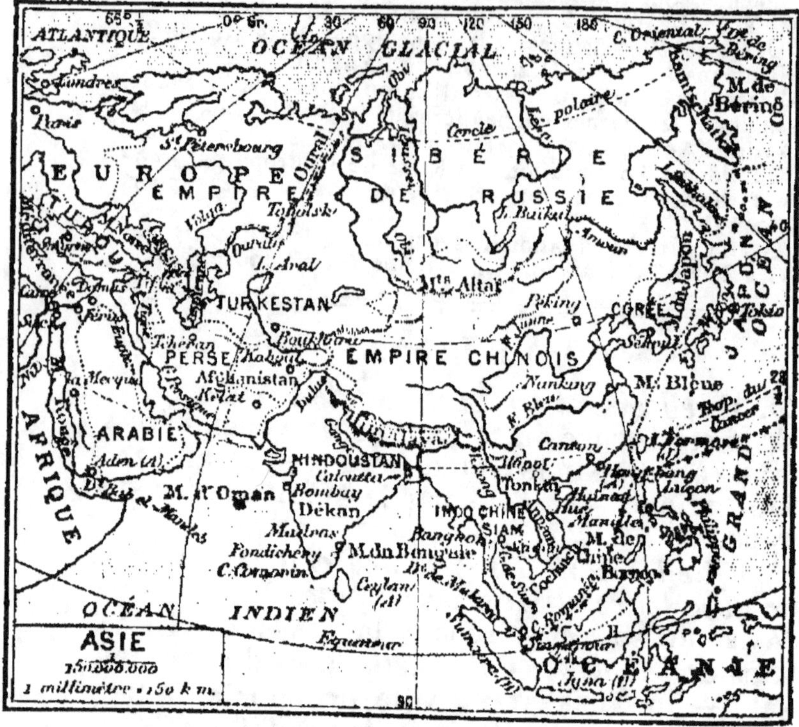

122. *Quelles sont les grandes* **mers** *de l'Asie ?*

Au N., L'OCÉAN GLACIAL ARCTIQUE ;

A l'E., le PACIFIQUE, ou Grand Océan, formant la mer du *Japon* et la mer de *Chine* ;

Au S., L'OCÉAN INDIEN, formant la mer ou golfe de *Bengale*, la mer d'*Oman* et la mer *Rouge* ;

A l'O., la MÉDITERRANÉE, la mer *Noire* et la mer *Caspienne*.

123. *Citez quelques* **golfes** *de l'Asie.*

Les golfes du *Tonkin* et de *Siam*, dans l'Indo-

Chine ; — le golfe *Persique*, entre la Perse et l'Arabie.

124. *Citez quelques détroits de l'Asie.*

Le détroit de *Béring*, entre l'Asie et l'Amérique ;

Le détroit de *Malacca*, entre la presqu'île de Malacca et l'île Sumatra ;

Le détroit de *Bab-el-Mandeb*, entre l'Arabie et l'Afrique.

125. *Quelles sont les grandes îles de l'Asie?*

Dans le Grand Océan, l'île *Sakhaline*, à la Russie, les îles *Nipon*, *Formose* et plusieurs autres *îles formant le Japon* ;

L'île *Haïnan*, à la Chine.

Dans l'océan Indien, l'île *Ceylan*, aux Anglais.

126. *Quelles sont les grandes presqu'îles de l'Asie?*

L'*Anatolie*, ou Asie Mineure, entre la mer Noire et la Méditerranée ;

L'*Arabie*, entre le golfe Persique et la mer Rouge ;

Le *Dékan*, ou partie méridionale de l'Hindoustan, entre les mers d'Oman et de Bengale ;

L'*Indo-Chine*, entre les mers de Bengale et de Chine.

127. *Quel est l'isthme le plus remarquable de l'Asie?*

L'isthme de *Suez*, qui joint l'Asie à l'Afrique.

128. *Quels sont les caps de l'Asie?*

Le cap *Oriental*, au N.-E. de la Sibérie ;

Le cap *Romania*, au S. du Malacca ;

Le cap *Comorin*, au S. du Dékan.

129. *Citez les grandes chaînes de montagnes de l'Asie.*

Les monts *Himalaya*, au nord de l'Hindoustan ;

Les monts *Altaï*, en Sibérie et en Chine ;

L'*Oural* et le *Caucase*, entre l'Asie et l'Europe.

130. *Citez les grands* **fleuves** *de l'Asie ?*

1° Dans le versant de l'Océan Glacial, l'*Obi*, l'*Iénisséi* et la *Léna*, en Sibérie ;

2° Dans le versant du Grand Océan : en Chine, l'*Amour*, le fleuve *Jaune* et le fleuve *Bleu* ; — en Indo-Chine, le *Mékong* ou Cambodge ;

3° Dans le versant de l'océan Indien : en Hindoustan, le *Gange* et l'*Indus* ; — en Turquie, l'*Euphrate* et le *Tigre*.

131. *Citez les grands* **lacs** *de l'Asie.*

Le lac *Caspien*, dit aussi mer *Caspienne*, dans l'empire russe ; — le lac ou mer d'*Aral* et le lac *Baïkal*, en Sibérie.

EXERCICES SUR L'ASIE

1. En consultant la carte, faites le tour de l'Asie, par mer, du N. au S., et indiquez successivement tous les accidents géographiques traversés ou rencontrés : mers, caps, îles, pays, etc.

2. Faites le même voyage en sens inverse.

3. Indiquez dans quelles contrées se trouvent les montagnes, les lacs et les fleuves cités dans le chapitre de l'Asie.

4. Indiquez les bornes particulières de chacun des grands pays de l'Asie.

5. Nommez les îles, les contrées ou les villes appartenant aux Français... aux Anglais... aux Russes... aux Turcs...

6. Nommez les villes de l'Asie, et dites dans quels pays elles se trouvent.

7. Nommez les ports ou les villes de l'Asie situés sur le bord de la mer.

NOTA. *Les mêmes exercices se feront pour l'Afrique, l'Amérique et l'Océanie. — On y observera aussi les possessions des Français, des Anglais, des Turcs, des Italiens, des Hollandais, des Belges, des Espagnols, des Portugais, des Allemands, des Danois.*

AFRIQUE

132. *Quelles sont les* **bornes** *de l'Afrique ?*

L'Afrique est bornée au N. par la Méditerranée ; à l'E., par la mer Rouge et l'océan Indien ; au S. et à l'O., par l'Atlantique.

133. *Quelles sont les grandes* **contrées** *et les principales* **villes** *de l'Afrique ?*

Le MAROC, capitale *Fez* ; v. pr. Maroc,

L'ALGÉRIE, cap. *Alger*, possession française ;
LA TUNISIE cap. *Tunis*, soumise à la France ;
La TRIPOLITAINE, capitale *Tripoli*, à la Turquie ;
L'EGYPTE, cap. *le Caire* ; v. pr. *Alexandrie* ;
L'ABYSSINIE, capitales *Gondar* et *Addis-Abéba* ;
Le SAHARA, ou Grand désert ; — le SÉNÉGAL,
v. pr. *Saint-Louis*, et le SOUDAN OCCIDENTAL,
v. pr. *Tombouctou*, aux Français ;
La GUINÉE, comprenant la *Nigéria anglaise* ;
Le CONGO-SOUDAN français ;
L'ÉTAT LIBRE DU CONGO belge, capitale *Boma* ;
La COLONIE DU CAP, capitale *le Cap*, aux Anglais ;
Le TRANSVAAL et l'ORANGE, peuplés de Boërs ;
Le MOZAMBIQUE, capitale *Mozambique*, aux Portugais ;
Le ZANGUEBAR, aux Allemands et aux Anglais ;
L'île MADAGASCAR, cap. *Tananarive*, à la France.

134. *Quelles sont les grandes* **mers** *de l'Afrique ?*
A l'O., l'océan ATLANTIQUE ;
Au N., la mer la *Méditerranée* ;
A l'E., l'océan INDIEN, qui forme la *mer Rouge*.

135. *Citez quelques* **golfes** *de l'Afrique.*
Le golfe de *Guinée*, dans l'Atlantique, — et
le golfe d'*Aden*, à l'entrée de la mer Rouge.

136. *Citez les* **détroits** *de l'Afrique.*
Le détroit de *Gibraltar*, entre le Maroc et l'Espagne ; — le canal de *Mozambique*, à l'O. de Madagascar, — et le *Bab-el-Mandeb*, entre l'Abyssinie et l'Arabie.

137. *Citez les* **principales** **îles** *de l'Afrique.*
Dans l'Atlantique, les *Açores*, les *Madère*, les
îles du *Cap-Vert*, appartenant aux Portugais ; —
les *Canaries*, aux Espagnols ; — l'île *Sainte-Hélène*, aux Anglais.
Dans l'océan Indien, la grande île de *Mada-*

gascar et l'île de la *Réunion*, aux Français ; l'île *Maurice*, aux Anglais.

138. *Citez un isthme remarquable en Afrique.*
L'Afrique est jointe à l'Asie par l'isthme de *Suez*, qui a 110 kilomètres de largeur et qui est traversé par un canal navigable.

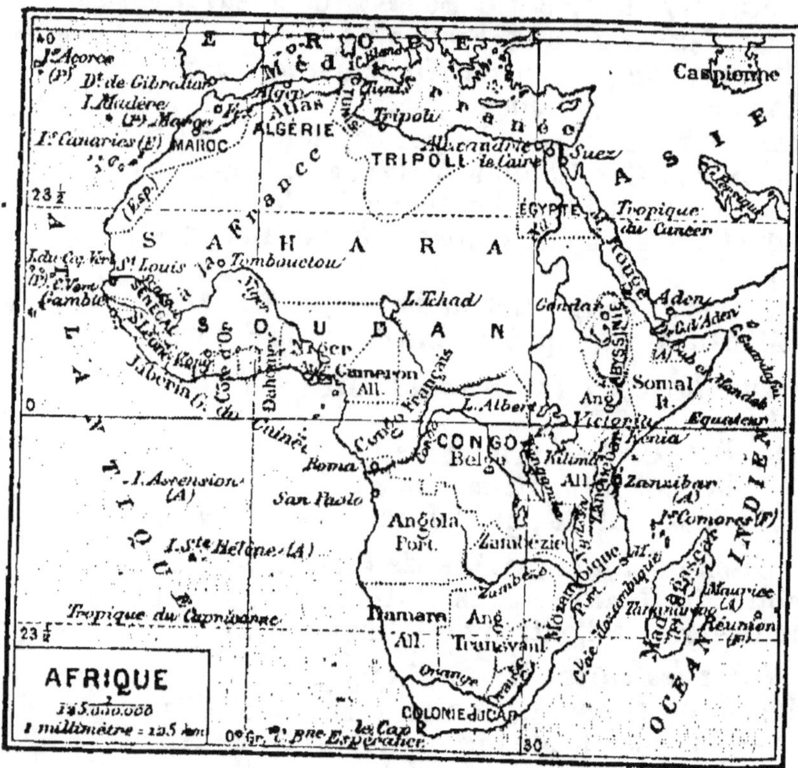

139. *Citez quelques* **caps** *de l'Afrique.*
Le cap *Blanc*, au N. de la Tunisie ; — le cap *Vert*, à l'O. du Sénégal ; — le cap de *Bonne-Espérance*, au S. de la colonie du Cap, — et le cap *Guardafui*, à l'E. de l'Afrique.

140. *Quelles sont* **les chaînes de montagnes de l'Afrique ?**

L'*Atlas*, qui traverse le Maroc, l'Algérie et la Tunisie; — les monts de l'*Abyssinie*; — les monts *Kilimandjaro* et *Kénia*, dans l'Afrique centrale.

141. *Quels sont les grands fleuves de l'Afrique?*

Dans le versant de la Méditerranée, le *Nil*, traversant le Soudan oriental et l'Egypte;

Dans le versant de l'Atlantique, le *Sénégal* et le *Niger*, dans le Soudan occidental; — le *Congo*, dans l'Afrique centrale; — l'*Orange*, dans la colonie du Cap.

Dans le versant de l'océan Indien, le *Zambèze*, dans l'Afrique Australe.

142. *Quels sont les lacs de l'Afrique?*

Les lacs *Victoria* et *Albert*, aux sources du Nil-Blanc; — le lac *Tanganika*, tributaire du Congo; — le lac *Nyassa*, affluent du Zambèze, — et le lac *Tchad*, dans le Soudan.

EXERCICES SUR L'AFRIQUE (*comme pour l'Asie, p. 58*).

AMÉRIQUE

143. *Quelles sont les bornes de l'Amérique?*
L'Amérique est bornée au N. par l'océan Glacial du Nord; à l'E., par l'Atlantique; au S. et à l'O., par le Grand Océan.

144. *Quelles sont les divisions politiques de l'Amérique et leurs villes principales?*
1° Dans l'Amérique septentrionale:
Le territoire D'ALASKA, appartenant aux États-Unis;
Le GROENLAND, appartenant aux Danois;
Le CANADA, ou AMÉRIQUE ANGLAISE, capitale *Ottawa*; v. pr. *Montréal*;

ASIE
M. de Bering
Bering
Dt Bering
C. Occidental
ALASKA
(États-Unis)
OCÉAN
GLACIAL
Groenland
(D)
Scandinavie
Islande
(D)
Iles Britanniques
Mackenzie
L. des Ours
L. des Esclaves
M. de Baffin
M. d'Hudson
Labrador
C A N A D A
St Laurent
Supérieur
Missouri
Michigan
Chicago
Montréal
Huron
St Paul
Ontario
Detroit
Terre-Neuve (A)
St Pierre
Miquelon
(F)
New York
Erié
Philadelphie
Washington
S. Francisco
Mts Rocheux
St Louis
É T A T S - U N I S
Bie Californie
Cordillères
Rio Grande
Californie
Mdn Mexique
Floride
C. Floride
Tropique du Cancer
M E X I Q U E
Mexico
Yucatan
Cuba
(E)
Havane
Jamaïque
Haïti
Porto Rico (E)
Guatémala
AMÉRIQUE
CENTRALE
M. des Antilles
Guadeloupe (F)
Martinique (F)
G. et Isthme
de Panama
Panama
Bogota
VENEZUELA
Georgetown
Paramaribo
Cayenne
COLOMBIE
GUYANE
Quito
Équateur
ÉQUATEUR
Amazone
C. S. Roch
PÉROU
Lima
La Paz
B R É S I L
BOLIVIE
Paraguay
S. Francisco
Tropique du Capricorne
PARAGUAY
Assomption
Panama
Rio de Janeiro
Santiago
Uruguay
URUGUAY
Montévidéo
Buénos
Ayres
La Plata
C H I L I
Patagonie
ARGENTINE
C. Horn
Terre de Feu
Équateur
OCÉAN PACIFIQUE
OCÉAN ATLANTIQUE
AMÉRIQUE
140.000.000
1 millimètre = 140 kmi

Les ÉTATS-UNIS, cap. *Washington*, v. pr.
*New-York, Chicago, Philadelphie, Saint-Louis,
San Francisco*;

Le MEXIQUE, capitale *Mexico*;

L'AMÉRIQUE CENTRALE, v. pr. *Guatémala*;

Les ANTILLES, v. pr. *la Havane*, dans l'île Cuba.

2° Dans l'Amérique méridionale :

La GUYANE, v. pr. *Georgetown*, aux Anglais;
Paramaribo, aux Hollandais, et *Cayenne*, aux
Français;

Le BRÉSIL, capitale *Rio-de-Janeiro*;

Le VÉNÉZUÉLA, capitale *Caracas*;

La COLOMBIE, capitale *Bogota*;

L'EQUATEUR, capitale *Quito*;

Le PÉROU, capitale *Lima*;

La BOLIVIE, capitale *La Paz*;

Le CHILI, capitale *Santiago*;

L'ARGENTINE, capitale *Buénos-Aires*;

Le PARAGUAY, capitale *Assomption*;

L'URUGUAY, capitale *Montévidéo*.

145. *Citez les grandes* **mers** *de l'Amérique.*

Au N., l'océan GLACIAL ARCTIQUE ou *boréal*,
formant la mer ou baie de *Baffin*;

A l'E., l'ATLANTIQUE, formant la mer d'*Hudson*,
la mer du *Mexique* et la mer des *Antilles*;

A l'O., l'océan PACIFIQUE, formant la mer de
Béring.

146. *Citez quelques* **golfes** *de l'Amérique.*

Le golfe du *Saint-Laurent*, dans l'Atlantique;
— le golfe de *Panama* et le golfe de *Californie*
ou mer Vermeille, dans le Pacifique.

147. *Citez quelques* **détroits** *de l'Amérique.*

Le détroit de *Béring*, entre l'Alaska et la Sibérie; — le détroit de la *Floride*, entre la Floride
et l'île de Cuba; — le détroit du *Yucatan*, entre
le Yucatan et l'île de Cuba; — le détroit de *Ma-
gellan*, entre la Patagonie et la Terre-de-Feu.

148. *Nommez les principales* **îles** *de l'Amérique.*

Dans l'océan Glacial, le *Groenland*, appartenant aux Danois ;

Dans l'Atlantique, *Terre-Neuve*, aux Anglais ; — les *Antilles*, dont les principales sont : *Cuba* et *Porto-Rico*, aux Etats-Unis ; la *Jamaïque*, aux Anglais ; *Haïti*, indépendante.

149. *Nommez quelques* **presqu'îles** *de l'Amérique.*

Le *Labrador*, dans le Canada ; — la *Floride*, dans les Etats-Unis ; — le *Yucatan* et la *Basse-Californie*, dans le Mexique.

150. *Quel est l'***isthme** *remarquable de l'Amérique?*

L'isthme de *Panama*, qui joint les deux Amériques ; il a 65 kilomètres de largeur.

151. *Citez quelques* **caps** *de l'Amérique.*

Le cap *Saint-Roch*, à l'E. du Brésil ; — le cap *Horn*, au S. de la Patagonie, — et le cap *Occidental*, au N.-O. de l'Alaska.

152. *Quelles sont les grandes* **chaînes de montagnes** *de l'Amérique?*

Dans l'Amérique septentrionale, les monts *Rocheux* et les *Cordillères*, qui traversent les Etats-Unis et le Mexique ;

Dans l'Amérique méridionale, les *Andes* ou *Cordillères du sud*, qui traversent la Colombie, le Pérou, le Chili, etc.

153. *Quels sont les grands* **fleuves** *de l'Amérique?*

Dans le versant de l'océan Glacial, le *Mackenzie*, qui arrose l'Amérique anglaise ;

Dans le versant de l'Atlantique du Nord, le *Saint-Laurent*, qui arrose le Canada ; — le *Mississipi* et son affluent le *Missouri*, dans les Etats-

Unis ; — le *Rio-del-Norte*, qui sépare le Mexique
des Etats-Unis ;

Dans le versant de l'Atlantique du Sud, l'*Oré-
noque*, qui arrose le Vénézuéla ; l'*Amazone* et
le *San-Francisco*, dans le Brésil ; — le *Parana*,
dans le Brésil et l'Argentine, avec ses affluents ;
— le *Paraguay* et l'*Uruguay*, dans les répu-
bliques de mêmes noms.

154. *Quels sont les* **lacs** *de l'Amérique?*

Dans l'Amérique anglaise, les lacs du *Grand-
Ours* et des *Esclaves;* — dans le Canada et les
Etats-Unis, les grands lacs *Supérieur, Michigan,
Huron, Erié* et *Ontario*, qui s'écoulent par le
fleuve Saint-Laurent.

EXERCICES SUR L'AMÉRIQUE (*comme pour l'Asie, p.* 58).

OCÉANIE

155. *Quelles sont les* **bornes** *de l'Océanie?*
L'Océanie s'étend à l'O. jusque vers l'Asie et
l'océan Indien ; à l'E., jusque vers l'Amérique ;
au S., jusqu'au pôle austral.

156. *Quelles sont les* **divisions** *et les* **villes**
principales de l'Océanie?

L'AUSTRALIE, ou le Continent, appartenant aux
Anglais ; v. pr. *Sydney* et *Melbourne ;*

La MALAISIE, v. pr. *Batavia*, dans l'île de
Java, aux Hollandais, — et *Manille*, dans l'île
Luçon, aux Etats-Unis ;

La POLYNÉSIE, formée d'îles nombreuses.

157. *Quelles sont les* **mers** *de l'Océanie?*
On remarque la mer de *Chine*, la mer de *Corail*
et la mer de la *Nouvelle-Zélande* ou de *Tasman*.

158. *Citez un* **golfe** *en Océanie.*
Le golfe de *Carpentarie*, au nord de l'Australie.

159. *Citez quelques* **détroits** *de l'Océanie.*
Le détroit de la *Sonde*, entre Sumatra et Java ;

— le détroit de *Torrès*, entre l'Australie et la Nouvelle-Guinée; — le détroit de *Bass*, entre la Tasmanie et l'Australie.

160. *Quelles sont les principales îles de l'Océanie?*

Dans la Malaisie, les îles *Philippines*, appartenant aux Etats-Unis; *Bornéo* (en partie), *Célèbes*, *Sumatra* et *Java*, aux Hollandais;

Dans la Polynésie mélanésienne, la *Nouvelle-Guinée*, partagée entre les Hollandais, les Allemands et les Anglais; la *Nouvelle-Calédonie*, aux Français, et la *Nouvelle-Zélande*, aux Anglais;

Dans la Polynésie propre, les îles *Fidji*, aux Anglais; les îles *Taïti* et *Marquises*, aux Français, et les îles *Hawaii* ou Sandwich, aux Etats-Unis.

EXERCICES SUR L'OCÉANIE *comme pour l'Asie, p. 58.)*

LA PALESTINE

OU TERRE SAINTE

—

161. *Quelle est la situation géographique de la Terre-Sainte ?*

La *Terre-Sainte* ou *Palestine* est située au centre de l'Ancien Continent, dans l'Asie occidentale et sur les bords de la mer Méditerranée. Elle fait aujourd'hui partie de l'empire Turc.

162. *Quelles sont les bornes de la Palestine ?*

La Terre-Sainte est bornée au N. par les monts Libans, à l'E. par le désert de Syrie, au S. par le désert d'Arabie, à l'O. par la mer Méditerranée.

163. *Dites sa superficie et sa population.*

L'étendue de la Terre-Sainte égale à peine celle de trois départements français ; sa population est d'environ 500,000 habitants.

164. *Quelles sont les montagnes intérieures de la Palestine ?*

On remarque au S. les monts de Juda, auxquels se rattachent les monts *Calvaire* et le mont des *Oliviers*, près de Jérusalem ; au N., le mont *Carmel*, le mont *Thabor*, etc.

165. *Quelles sont ses eaux intérieures ?*

Le *Jourdain*, fleuve qui coule dans une vallée profonde, forme le lac de Génésareth ou *mer de Galilée*, puis se jette dans le lac salé et amer appelé lac Asphaltite ou *mer Morte*.

166. *Comment divisait-on la Palestine ?*

Au temps de Notre-Seigneur, on la divisait en quatre provinces :

1° La Judée, au S.-O., comprenant les tribus de

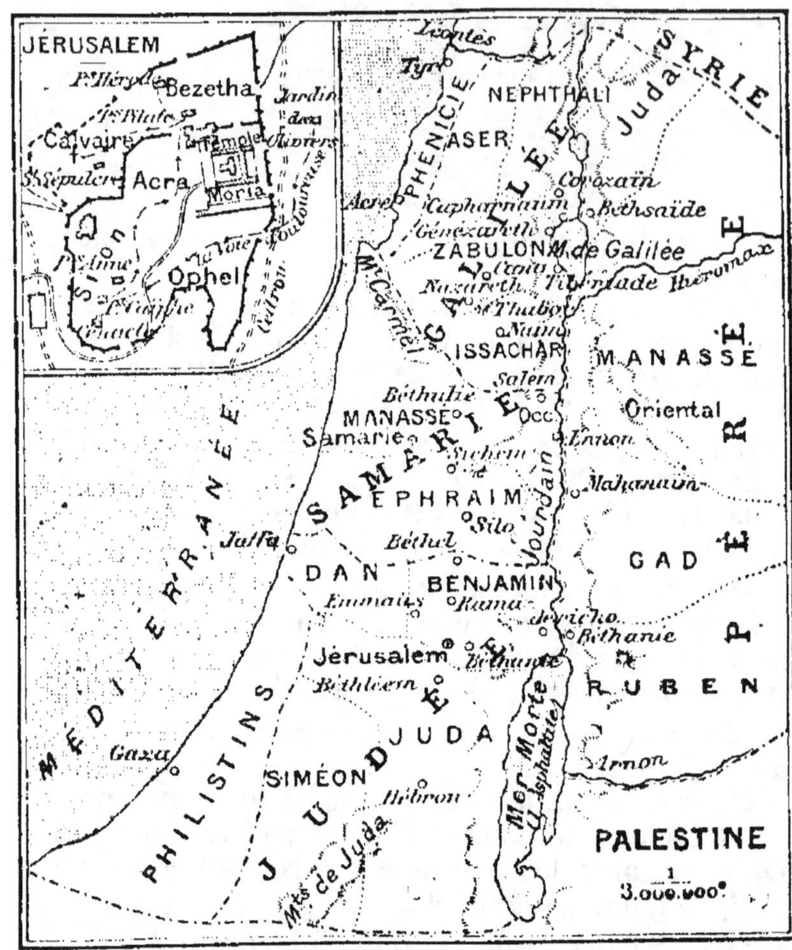

Juda, de *Benjamin*, de *Siméon*, de *Dan*, et le pays des Philistins ;

 2° La SAMARIE, au centre, comprenant les tribus d'*Ephraïm* et de *Manassé occidentale* ;

 3° La GALILÉE, au N.-O., formée des tribus d'*Issachar*, de *Zabulon*, d'*Aser* et de *Nephthali* ;

 4° La PÉRÉE, à l'est du Jourdain, formée des tribus de *Manassé orientale*, de *Gad* et de *Ruben*.

167. *Quelles sont les villes ou localités les plus célèbres de la Palestine?*

1º Dans la JUDÉE, on doit citer *Jérusalem*, la ville la plus intéressante du monde par ses souvenirs; puis *Bethléem, Hébron, Jéricho, Rama, Béthel, Emmaüs, Jaffa, Gaza*, etc.

2º Dans la SAMARIE, *Samarie, Sichem, Silo, Salem, Béthulie, Ennon;*

3º Dans la GALILÉE, *Nazareth, Naïm, Cana, Tibériade, Capharnaüm, Saint-Jean-d'Acre,*

4º Dans la PÉRÉE, les villes ruinées de *Bethsaïde, Corozaïn, Béthanie, Mahanaïm.*

EXERCICES. — Rappeler quelques faits de l'Histoire sainte se rapportant aux localités citées.

QUELQUES PLANTES UTILES

Voir les figures ci-après, indiquant la hauteur des plantes et le pays où on les cultive.

Le *froment*, le *riz* et le *maïs* sont des graminées dont le grain sert à la nourriture de l'homme.

Le *cocotier* donne le coco, gros fruit nourrissant.

Le *cacaoyer* donne une fève, le cacao, dont on fait le chocolat.

Le grain ou noyau de *café* et les feuilles de *thé* servent à faire des boissons stimulantes.

On extrait le sucre des tiges de *cannes à sucre,* comme aussi des racines de betteraves.

Le *poivrier* est un arbrisseau qui donne le poivre.

Le *coton*, le *lin* et le *chanvre* sont des plantes textiles dont on confectionne les tissus ou les toiles.

La *garance* donne une teinture rouge, le *safran* une teinture jaune, et l'*indigo* une teinture bleue.

Les fleurs de *houblon*, avec la farine d'orge, servent à faire la bière.

L'olive, fruit de l'*olivier*, donne une huile à salade.

L'écorce du *chêne-liège* sert à faire des bouchons de bouteilles.

PLANTES ALIMENTAIRES

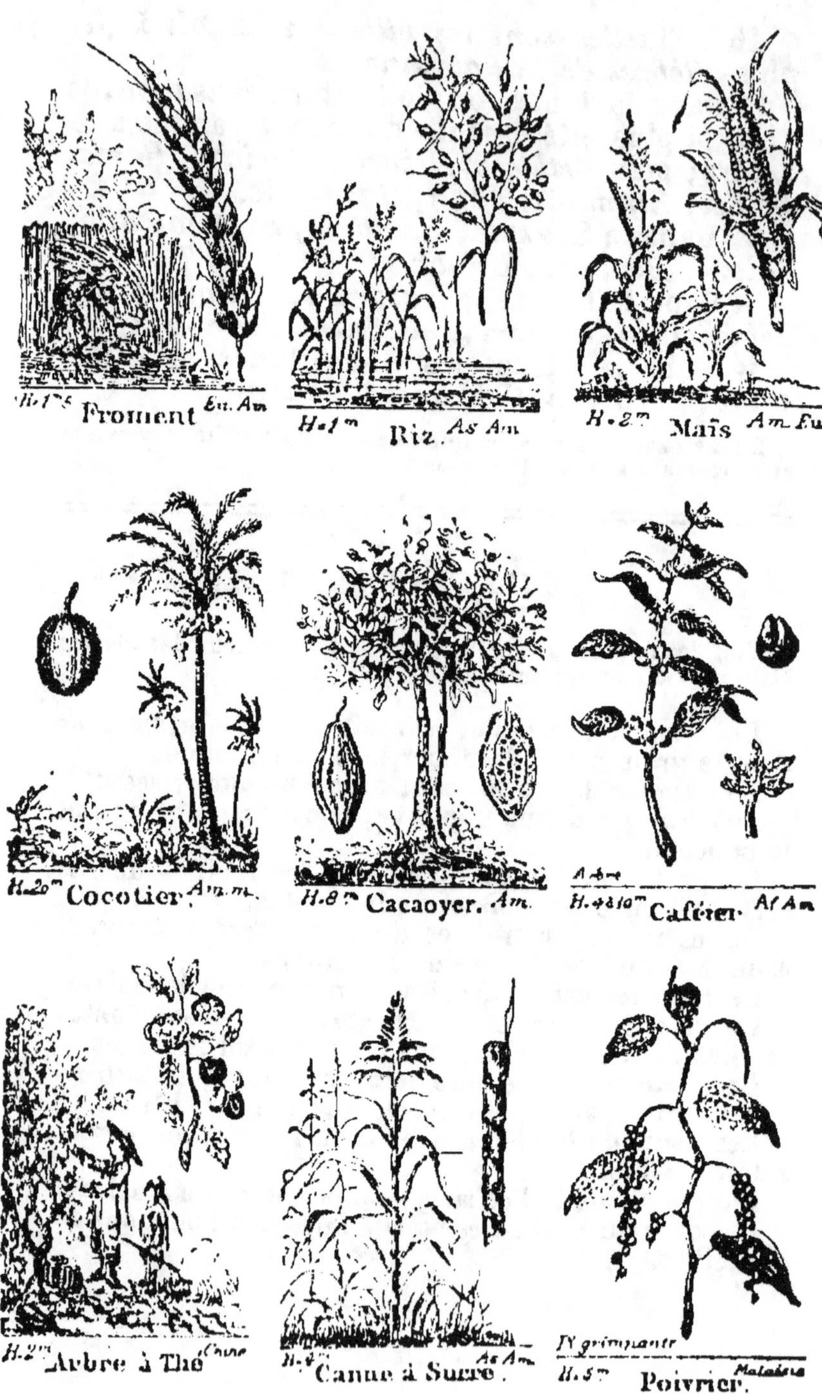

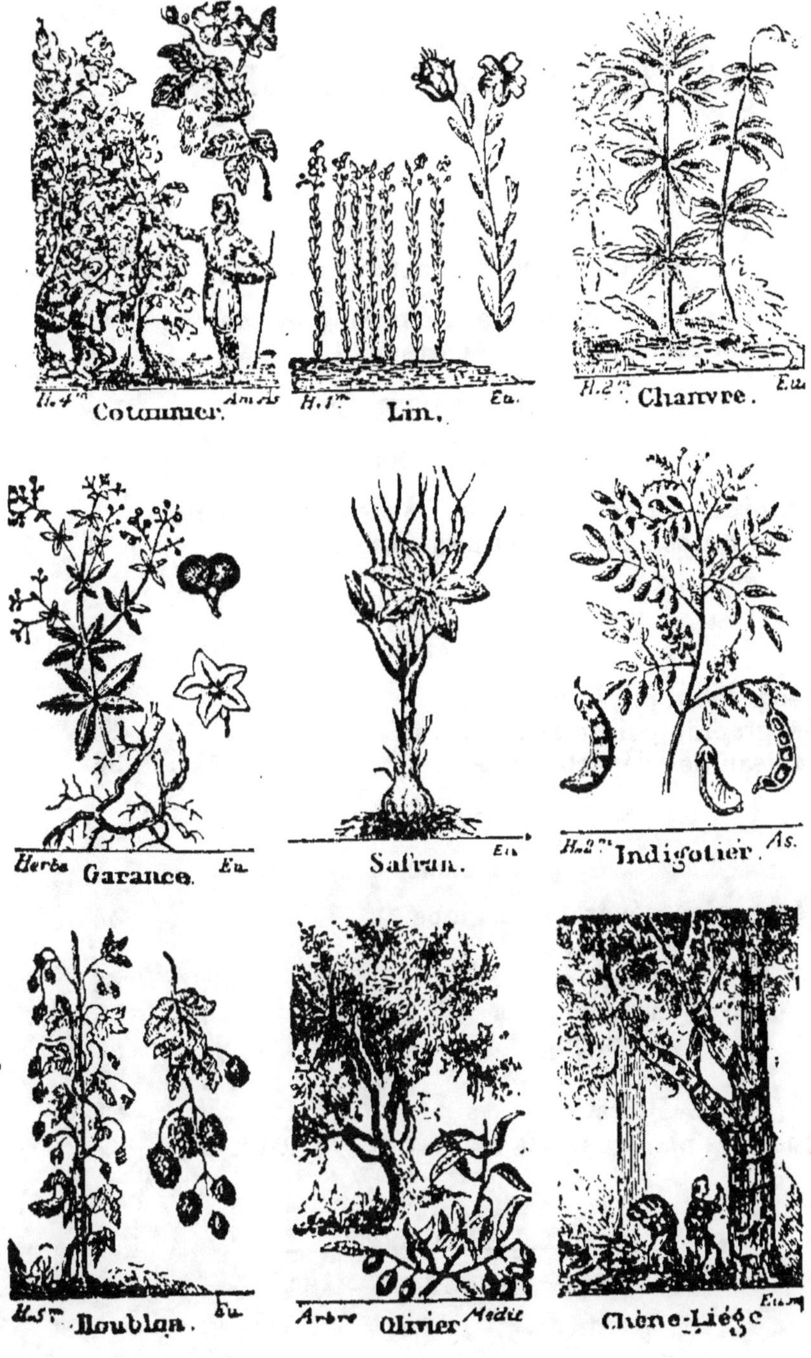

H. 4.m Cotonnier. Amér.
H. 1.m Lin. Eu.
H. 2.m Chanvre. Eu.
Herbe Garance. Eu.
Safran. Eu.
H. 2.m Indigotier. As.
H. 5.m Houblon. Eu.
Arbre Olivier. Médit.
Chêne-Liége. Eu.

TABLE DES MATIÈRES

30544. — Tours, impr. MAME.